T0070120

MIS EXPERIENCIAS DE ENFERMERA

MIS EXPERIENCIAS DE ENFERMERA

LIC. ALICIA GARIBAY C.;
OSCAR GUERRERO

Número de Control de la Biblioteca del Congreso de EE. UU.: 2016903950
ISBN: Tapa Dura 978-1-5065-1268-6
Tapa Blanda 978-1-5065-1306-5
Libro Electrónico 978-1-5065-1307-2

Información de la imprenta disponible en la última página.

Fecha de revisión: 23/06/2016

Para realizar pedidos de este libro, contacte con:
Palibrio
1663 Liberty Drive
Suite 200
Bloomington, IN 47403
Gratis desde EE. UU. al 877.407.5847
Gratis desde México al 01.800.288.2243
Gratis desde España al 900.866.949
Desde otro país al +1.812.671.9757
Fax: 01.812.355.1576
ventas@palibrio.com
736446

ÍNDICE

DEDICATORIA

A mi papá, a mi tío Jorge Siller
y a mi tía Angelina Rodriguez de Siller
gracias a ellos me dedico a esta bella profesión.

A todos y cada uno de mis pacientes y sus familiares,
enfermeras, médicos y demás personal hospitalario
con los que tuve la oportunidad de interactuar.
Gracias a ellos aprendí valiosas lecciones de vida
y crecí en el ejercicio de la enfermería.

AGRADECIMIENTOS

A mi hijo Oscar, sin su ayuda este libro no hubiera sido posible.

Al Dr. Carlos Castañón Cuadros por compartir con nosotros el entusiasmo por esta pequeña obra y escribir su prólogo.

A Daniel Enrique Maldonado Sánchez por su invaluable trabajo y dedicación en las correcciones necesarias para dar forma final a este libro.

Fotografía José Manuel Álvarez www.josalvarez.com

PRÓLOGO

Las vocaciones nos definen, y de ahí para adelante. Todos en algún momento nos enfrentamos ante esa definición que suele acompañarse de pasión y mucho trabajo. Pero no todos llegan al llamado de las vocaciones. Quizá por lo mismo, es notable cuando conocemos personas que las mueve la vocación y el compromiso. La mayoría tenemos que trabajar, pero algunos han descubierto que en el camino, el trabajo se vuelve una misión desde la vocación. Con justa razón, una gran filósofa sirio mexicana, Ikram Antaki, solía decir que dar clases "no es una chamba"; es ante todo una vocación de cuerpo y alma. Al igual que los educadores, hay profesiones donde ese profundo compromiso lo es todo. Tal es el caso de médicos y enfermeras que tienen la responsabilidad de cuidar la salud de las personas, e incluso, hasta la propia vida de los pacientes.

Hace algunos meses recibí el libro *Mis experiencias de enfermera*, de Alicia Garibay Caldevilla. Se trata de un breve relato, pero sumamente útil para varios públicos. Por un lado es un libro que será de suma utilidad para aquellos que quieren dedicarse a la medicina, específicamente al invaluable oficio de la enfermería. De viva voz, Alicia nos cuenta el quehacer cotidiano de las enfermeras. La formación, las dificultades, la delicada atención a las personas en momentos críticos, el cuidado de la vida y su contraparte, la relación con la muerte, a través de la tanatología. En una palabra, el día a día en los hospitales.

Por otro lado, sin ser un libro de historia, aporta un relevante testimonio para la historia de la medicina en la región, y particularmente, sobre la imprescindible labor de las enfermeras en hospitales públicos y privados. Se trata de relatos significativos para la historia de la medicina y la salud pública regional, contados por una enfermera. De esa manera, la experiencia individual se convierte en las siguientes páginas, en un testimonio representativo de varios momentos claves de la medicina en la ciudad de Torreón, Coahuila. Por ejemplo, la transición de una época en que sólo había una escuela de formación, como fue la Escuela de Enfermería Isabel la Católica en el Sanatorio Español, que dicho sea de paso, el Sanatorio es una de las instituciones centenarias de la ciudad.

Por medio de breves relatos que conforman el libro, Garibay Caldevilla narra sus labores como pionera en el primer hospital del Instituto Mexicano del Seguro Social en Torreón. De la misma manera, nos habla también de sus labores en el Hospital Civil de Torreón, ahora Hospital Universitario. Quien lea las páginas de *Mis experiencias de enfermera*, no sólo podrá conocer una época de crecimiento de los servicios hospitalarios en la ciudad durante los años sesenta del siglo XX, sino además se llevará consigo un precioso testimonio de prudencia, sentido común, cuidado y sensibilidad hacia los pacientes y sus familiares. En pocas palabras: nos meteremos en los zapatos de una enfermera. Damos la bienvenida a este libro que nos ofrece una mirada de la ciudad y su gente.

Carlos Castañón Cuadros, historiador.
Torreón, abril de 2016.

INTRODUCCIÓN

Este libro viene a demostrar que no soy escritora, ni lo pretendo; sólo quiero poner en papel algunas de mis vivencias a través de mi desarrollo profesional. Si a alguien le sirve para entender la vida que tenemos los enfermeros en el diario devenir en los hospitales y en la práctica profesional cotidiana, me sentiré satisfecha y agradecida por saber que puede resultar interesante. Algunas experiencias son tristes, otras chuscas, pero eso sí, vividas con toda la intensidad ya que gracias a Dios tengo la facultad de disfrutar todo lo que hago y aprender de cada suceso.

Cada una de estas anécdotas está escrita confiando en mi memoria. Quizá se dé el caso en el que alguna de las personas quienes tomaron parte en ellas difiera respecto a los detalles contados aquí. Sólo quiero decirles que, de presentarse el hecho, tales inexactitudes son totalmente involuntarias. En otros casos, cuando así lo amerite, decidimos cambiar los nombres de las personas involucradas para proteger su intimidad o porque de plano nos fue imposible localizarlos para obtener su permiso para esta publicación.

Aquí van. Espero les gusten. A mis compañeros enfermeros les digo que tal vez se identifiquen con situaciones parecidas y si no, si alguna vez les pasa, aprovechen lo que yo viví y resuelvan los hechos de la mejor manera.

1

POR QUÉ SOY ENFERMERA

Antes de pensar que yo iba a ser enfermera, estando en la casa, a mi papá le llamaron para ir a ver a un muchacho el cual había tenido un accidente y se había "vaciado" el ojo, por ello me invitó a ir a la operación. Creo que desde ese día estaba haciendo su labor para incitarme a estudiar enfermería o medicina. Finalmente le tuvo que sacar el globo ocular y dejar listo al joven para ponerle una prótesis. Para mí fue muy impresionante ver encima de la mesa quirúrgica el ojo extraído, sentía que me veía. Un rato después de terminar la operación mi papá me explicó que de no sacárselo podría tener una infección que se le trasladara a otra parte del cuerpo e inclusive pondría en riesgo su vida. A veces se tienen que hacer cosas a costo muy alto para ayudar a una persona; pero si le salvas la vida vale la pena. Ese día mi papá me planteó la posibilidad de que estudiara enfermería pues me vio con el temple suficiente para estar en situaciones críticas y permanecer tranquila.

Cuando salí de la preparatoria estaba llena de ilusiones e irme a estudiar fuera de Torreón era una de ellas. Como a muchas de las muchachas de aquel entonces me llamaba la atención ser sobrecargo de avión o psicóloga, pero mis papás pusieron el grito en el cielo. Mi papá argumentó que las sobrecargos de aviación eran un poco más que servidumbre de altura. Aunque esto no es cierto, después entendí que lo hizo para desanimarme, para que no escogiera ese camino. En aquel entonces no estaban presurizados los aviones como ahora y mucha gente vomitaba por el mareo, la sobrecargo tenía que lidiar con esto además de atender a los pasajeros en aquello que necesitaran. Después me di cuenta de que como enfermera hacía muchas veces lo mismo y mucho más por mis pacientes. Por otro lado, si quería ser psicóloga, tendría que esperar seis meses para iniciar el año ya que el calendario escolar en la Ciudad de México iniciaba en enero y en Torreón en septiembre. También había la opción de irme a Monterrey; no me hacía nada de gracia el calor de allá, así que me decidí: si quería ser psicóloga esperaría hasta enero.

En ese entonces en Torreón sólo existía la escuela de enfermería de la Cruz Roja. Si querías estudiar esta carrera no había otra opción local. No como ahora, cuando hay más de diez escuelas de enfermería en la región lagunera que abarca desde San Pedro, Francisco I. Madero, Matamoros, Torreón, Gómez Palacio y Ciudad Lerdo. Como el número de enfermeras que había en el Sanatorio Español era muy reducido y no tenía la suficiente preparación académica, los doctores en la dirección del sanatorio en el departamento médico, principalmente el Dr. Emilio Murra y el Dr. Jorge Siller (su primer director) motivaron al consejo para fundar una escuela capaz de proveer al sanatorio de enfermeras profesionales y certificadas por la Universidad Autónoma de Coahuila. La institución fundada fue la Escuela de Enfermería Isabel la Católica, entonces ubicada dentro del sótano de lo que era en aquel tiempo la Clínica de Diagnóstico. Luego, debido a que el sanatorio necesitaba el espacio para crecer, la escuela se mudó a las instalaciones de la Universidad Iberoamericana. Tristemente esta escuela ya cerró.

Mientras me disponía a esperar la llegada de enero para poder ir a estudiar a la ciudad de México, mi papá se confabulaba con mis "tíos", el Dr. Jorge Siller y su esposa Angelina para que en ese ínter me pusiera a estudiar en la escuela recién instalada en el Sanatorio Español; siempre con la esperanza de que me gustara y decidiera seguir estudiando aquí. Así sucedió: Me encantó la carrera de enfermería y además podía estar en mi casa con todas las comodidades mientras aprendía. ¿Qué más podía pedir?

No cabe duda, la vida o el destino a veces te hacen jugarretas. Yo acabé realizando una cosa por completo diferente a la que tenía planeada y además me di cuenta de que esa era realmente mi vocación. ¡Qué afortunada fui!

Muchas personas me preguntan por qué no estudié medicina como mi papá, quien era médico, dada la facilidad de tener escuela de medicina aquí en Torreón. La realidad es que son dos carreras muy parecidas y al mismo tiempo muy diferentes. Los médicos dan las órdenes y se van y las enfermeras convivimos y participamos en el día a día de los pacientes y sus familiares compartiendo sus miedos, angustias, alegrías y dolores. A mí lo que me gusta de ser enfermera, independientemente del servicio que puedas prestar a las personas, es el contacto particular con todos ellos. Además las enfermeras somos el enlace entre el médico y los pacientes y sus familiares, porque a veces no se atreven a decirle al galeno lo que sienten o lo que piensan y nosotros les ayudamos con eso.

Quise compartir la experiencia inicial, la referente al ojo del muchacho, no sólo porque fue mi primer contacto con lo que sería mi profesión, sino como un buen ejemplo de las situaciones en las que nos vemos involucrados todos los que nos dedicamos a la medicina: en algunas ocasiones, al desempeñar nuestro trabajo, nos enfrentamos a circunstancias especiales con nuestros pacientes, en ellas la toma de algunas decisiones son muy difíciles pues conllevan sacrificar algo para un mayor beneficio del paciente, a veces resultan verdaderas situaciones de vida o muerte. Desde luego depende mucho de la especialidad de la que se trate: no es lo mismo desempeñarse en el área de urgencias, donde por definición los pacientes que llegan muchas veces vienen en condiciones críticas y con riesgo de perder la vida; al caso que les conté, donde la vida del paciente no estaba en peligro, por lo menos no en ese momento.

Nadie desea encontrarse en una circunstancia como la que les describí, ni siquiera los médicos o las enfermeras; sin embargo es una realidad de la profesión para la que debemos prepararnos lo mejor posible, ¿cómo? Por un lado, dedicarnos en cuerpo y alma a aprender todo lo que nos enseñen en la escuela. En la actualidad tengo una central de enfermeras y cuando necesito contratar a una nueva y empiezo a recibir solicitudes de empleo, siempre con sus certificados de estudio adjuntos, no puedo evitar sentir cierta aprehensión cuando veo que han acreditado una materia con siete u ocho de calificación. No es que contrate puras enfermeras de diez, ni siquiera este hecho significa que sepan desempeñarse de manera adecuada con un paciente; pero después de entrevistarlas y confirmar que en efecto padecen lagunas importantes en los conocimientos requeridos, no puedo evitar pensar que de encontrarse en una situación en la que necesitaran echar mano de esos conocimientos cómo se desempeñarían y cuál sería el desenlace. Por favor, si aún están estudiando o piensan estudiar, dedíquense en cuerpo y alma a la escuela. Nunca saben cuándo van a necesitar lo que les enseñan en las aulas.

Otra manera muy importante con la que nos podemos preparar es mantenernos vigentes. Ahora todas las profesiones evolucionan y avanzan muy rápidamente; los progresos en las técnicas y en la tecnología son tan rápidos que cada vez es más difícil mantenerse al día con las últimas novedades. Si queremos estar lo mejor preparados posible, debemos mantenernos informados de todo lo nuevo que se va desarrollando en nuestra especialidad, aprenderlo para tener las mayores y mejores herramientas disponibles para el tratamiento de nuestros pacientes. Finalmente, y esto es algo en lo que siempre hago hincapié, UTILICEMOS EL SENTIDO COMÚN, así, con mayúsculas. Nada de lo anterior sirve si no se tiene este sentido prioritario. Acostumbrémonos a seguir protocolos y procedimientos, siempre aplicando el sentido común. En mi caso esto me ha sacado de aprietos (bueno, a mí y a mis pacientes) en más ocasiones de las que puedo recordar.

Para ilustrar lo anterior les voy a platicar la siguiente experiencia: En una ocasión me llamaron de una casa para administrar unos medicamentos como parte del tratamiento de una persona con una condición pulmonar seria. Tal como me enseñaron en la escuela, leí las instrucciones del doctor tres veces para asegurarme haber entendido perfectamente bien las indicaciones. Sin embargo tuve que leer una cuarta vez porque algo en la dosis del medicamento no terminaba de tener sentido para mí. Obviamente yo no soy médico y no tengo los conocimientos para tomar una decisión de esta naturaleza, pero algo me decía que había un error o quizás yo no había entendido la receta. Ante la duda decidí no hacer nada y consulté con un médico amigo mío pues no pude localizar al médico tratante. Éste confirmó mis sospechas y me dijo que por ningún motivo le fuera a administrar el medicamento como yo se lo había descrito, que localizara a como diera lugar al médico que estaba viendo al paciente y que confirmara la dosis. Para no hacer el cuento largo, localizamos al médico con ayuda de los familiares del paciente y en efecto había un error en la receta. De haberle administrado la dosis como estaba escrita hubiéramos terminado en un hospital con un paciente en estado crítico. Así de importante es el sentido común, todos estamos expuestos a cometer errores.

2

MI PASO POR LA ESCUELA

LA MADRE MAGDALENA

A la edad de 18 años, con todo el romanticismo de la edad, el gusto por los uniformes, por sentirme la salvadora del mundo y todas esas cosas, llegué a la escuela. Por fortuna me encontré con la madre Magdalena, una mujer fuera de serie: enérgica, con mucha vocación y portadora un trato de lo más cálido, además de ser una excelente enfermera. Ella era miembro de las hermanas Josefinas quienes tenían su casa matriz en Guadalajara. Esta congregación se dedica a dar asistencia espiritual a los pacientes que están internados en diferentes hospitales de México, entre ellos el Sanatorio Español. La madre Magdalena tenía un criterio tan amplio que no embonaba en el concepto de lo que para mí era una monja. Ella fue uno de mis personajes favoritos, aquellos que tuvieron gran influencia en mi vida, sobre todo en mi vida profesional.

El primer día nos formó y nos dijo: "ustedes son como militares, los galones en la cofia indican el grado; lo bien arreglados, desde los zapatos boleados hasta el uniforme sin ninguna arruga, eso dirá que nunca se sentaron en toda la guardia. Aquí vienen a trabajar no a lucir el uniforme." Enseguida nos dio broches para el pelo. Teníamos que estar sin un pelo en la cara, las uñas sin pintar y bien cortadas, para lo cual nos dio un quitaesmalte, una lima y un cortaúñas. Como parte adicional del equipo nos entregó una "shinola" para bolearnos; tijeras, aguja e hilo para bajarle la bastilla a la falda y nos dio la primera clase: "Cómo almidonar la cofia". Ahí nos tienen planchándola con almidón, cosa que yo no hacía en mi casa, así que batallé muchísimo para dejarla como me la pedía. Creo que esto nos sirvió para saber cuidar la cofia pues ya sabíamos lo difícil que era dejarla blanca y sin arrugas, por eso la cuidaba como a la niña de mis ojos. Lo bueno es que ahora se venden de plástico y ya no hay que plancharlas. A partir de ese día nos puso a estudiar.

Como dije antes, el proyecto de la escuela de enfermería en el Sanatorio Español nació por la carencia de enfermeras profesionales. En aquel entonces sólo había dos grupos, el primero que inició que era de cinco estudiantes y el segundo año, en el que yo me inscribí, era de siete alumnas. O sea que en toda la escuela éramos doce. Prácticamente eran clases particulares. El director de la escuela era el Dr. Jorge Siller Vargas, amigo íntimo de mi papá. El director Médico del Sanatorio era el Dr. Emilio Murra, con él teníamos abiertas las puertas para las prácticas hospitalarias. La madre Magdalena nos introducía en los diferentes departamentos y nos conseguía un cuarto para dormir de las doce de la noche en delante cuando hacíamos prácticas nocturnas (¿dónde se había visto eso?).

En la escuela la madre incluyó materias como dietología en donde aprendíamos a planear y elaborar los diferentes alimentos que se incluían en las dietas de los pacientes (hípercalóricas, hipocalóricas, hiposódicas, sin azúcar para diabéticos etcétera). Además elaborábamos platillos no necesariamente relacionados con las dietas de los pacientes, ya que la madre Magdalena nos decía que algún día también íbamos a ser amas de casa.

En la escuela teníamos un maniquí bautizado por la madre con el nombre de Marlin. Nos servía para las prácticas de lo que aprendíamos en las aulas. También teníamos un brazo para aprender a canalizar y poner inyecciones intravenosas. Las inyecciones intramusculares las ensayábamos unas con otras ya fueran de agua destilada o con alguna vitamina que la madre nos recetaba.

Siempre teníamos su apoyo incondicional y cuando teníamos horas libres, porque el maestro faltaba, jugábamos cartas, dominó o cualquier juego de mesa para saber entretener a nuestros pacientes cuando no les estábamos dando algún tratamiento. Una de las cosas que la madre nos enseñó fue a hacer el diagnóstico de enfermería. Éste consistía en leer el expediente para informarnos de su historia clínica, tratamientos y otros detalles, así como qué exámenes de laboratorio estaban pendientes, cuáles cirugías o citas con otros médicos para inter-consultas. Parte de este proceso consistía en entrar al cuarto del paciente, después de dos minutos la madre nos hacía salir y nos preguntaba acerca del mobiliario del cuarto, la posición en la que estaba el paciente, su color de la piel, el olor en la habitación, etcétera. También nos preguntaba por la facies característica del paciente (expresión de la cara del mismo, como dolor, aburrimiento, nerviosismo, depresión). De esa forma nos dábamos una idea más cercana a la situación del paciente y podíamos planear mejor nuestro trabajo.

En aquel entonces el sanatorio empezó a recurrir a las estudiantes. Cuando ya teníamos conocimientos básicos nos quedábamos a suplir a las enfermeras que faltaban o que estaban de vacaciones. Obviamente siempre supervisadas por alumnas de años anteriores e inevitablemente con la madre Magdalena detrás de nosotros. En las primeras guardias que hacíamos sólo tendíamos camas, poníamos cómodos y orinales y cuando ya nos tenían confianza dábamos pastillas o medicamentos orales de todo tipo; las inyecciones nos estaba permitido aplicarlas hasta después de cursar el segundo año. Al quirófano o a prematuros sólo podíamos ingresar después del tercer año. Cuando entrábamos al quirófano empezábamos a desempeñarnos como enfermeras circulantes (son las que procuran materiales fuera del quirófano entre otras cosas) y sólo después de un tiempo ya podíamos instrumentar. Siempre bajo la supervisión de la madre Magdalena.

La madre se preocupaba también por la imagen que podíamos dar de la profesión de enfermería. Nos cuidaba mucho, hasta la forma de caminar, nos decía que en los hospitales se tiene que caminar por el centro del pasillo para evitar obstaculizar la entrada y salida de los cuartos. Tampoco se nos permitía salir a la calle con la cofia puesta ya que según nos decía era la señal de la dignidad de la enfermera y sólo se debía usar durante el desempeño de nuestro trabajo. ¡Cuidado y se diera cuenta de que a la hora de la salida nos esperaba el noviecito y nos tomaba de la mano o nos prestáramos a escenas románticas!

Así dimos principio a los estudios en cuanto a la teoría. Las prácticas se iniciaban después de los tres meses tras prepararnos para entrar al hospital. La madre Magdalena siempre nos decía: "si no ayudan de perdido no estorben".

Parte fundamental de la formación de las enfermeras es la disciplina, con ella nos educó la madre Magdalena. Además yo creo que no es exclusiva de esta carrera. La disciplina es una cualidad que te lleva al orden y no solamente en tu profesión cualquiera que esta sea, sino en tu vida personal. Una persona disciplinada logra más y mejores cosas en todos los ámbitos de su vida. Eso se lo debo en gran parte a ella. Otro de los principios que nos inculcaron allí fue la puntualidad, cualidad muy importante para administrar medicinas y tratamientos con la precisión que requieren.

EL SALÓN DE ARTES

En nuestro salón de artes (así le llamaba al salón donde estaban las camas) había un esqueleto, un maniquí ginecológico y un brazo de hule que tenía venas y arterias para practicar. Ahí nos pasábamos un buen tiempo perfeccionando las técnicas que aprendíamos en la teoría. Nos dábamos masajes para aprender diferentes procedimientos y a mí siempre me gustaba servir de modelo para que todas practicaran. Nos inyectábamos una a otra con agua destilada o vitaminas, antes lo hacíamos de mentiritas con el brazo de hule y en naranjas. En fin, todo esto lo hacíamos para no llegar con los pacientes sin haber experimentado más o menos lo que se sentía realmente.

Cuando estábamos en ese cuarto una de las primeras veces la madre nos dijo: "yo quisiera que ahorita les diera un dolor de apendicitis y que tuvieran que operarlas. Y no es por mala, pero me gustaría que sepan lo que es estar en una cama de hospital, tener sed y que no puedas tomar agua o tener hambre y no poder comer; tocar el timbre y que ninguna enfermera acuda a tu llamado; sentir dolor y tener que esperar a que la enfermera nos administre el analgésico indicado o que le llame al doctor tratante para ver qué nos receta." Y es que realmente resulta muy importante ponerse en el lugar de nuestros pacientes para realizar nuestra labor lo mejor posible, siempre tomando en cuenta sus sentimientos.

También es importante ponerse en el lugar de los familiares de los pacientes. Siempre se encuentran nerviosos ante la duda de lo que está sucediendo. Ellos también tienen derecho a saber lo que pasa con su familiar cuando está en departamentos a donde no tienen acceso, como el quirófano o la terapia intensiva, incluso al realizarse algunos estudios como rayos X, entre muchos otros. A veces, por alguna razón, el procedimiento al que será sometido el paciente no inicia cuando se programa y afuera se piensa que ya empezó; en otras ocasiones terminan de operar y nadie les avisa y siguen creyendo que sigue la intervención, que tal vez se complicó algo o simplemente no saben si todo está bien. Es muy importante que se tome en cuenta tanto al paciente como a los familiares y que se les considere como personas con los sentimientos, angustias y temores que siempre tienen todas las personas que ingresan a un hospital; sobre todo si es la primera vez que van a vivir una experiencia de este tipo. Por fortuna en algunos hospitales ya existe el departamento de Relaciones Públicas o el mismo personal de Trabajo Social se encarga de dar esta clase de apoyo.

Las estudiantes de enfermería éramos muchachas que estábamos por vocación estudiando esa carrera (al menos lo digo por mí). Teníamos muchas ganas de aprender y queríamos quedar bien con todo el mundo, sobre todo con los médicos y con las enfermeras con quienes trabajábamos en los hospitales pues sabíamos que ellos nos iban a enseñar muchas cosas. Y lo que son las cosas, ya recibidas y con algunos años de experiencia nos tocaba a nosotras enseñar a los estudiantes de medicina que ya estaban haciendo su internado, a canalizar o realizar otros procedimientos en los que no tenían mucha práctica y que nosotras estamos habituadas a realizar. Tal vez peque de vanidosa, pero me ha tocado enseñar muchas cosas a estudiantes de medicina a punto de recibirse. Este derecho se gana con los años de experiencia que les llevas de ventaja a los muchachos. A lo largo del tiempo he aprendido que siempre hay cosas por aprender, independientemente de los conocimientos o la experiencia que tengas. Todos los días se aprenden cosas nuevas y siempre debemos tener la humildad y la disposición de hacerlo, resulta la manera, como lo dije, de mejorar en beneficio de nuestros pacientes.

El afán de aprendizaje nos motivaba a hacer todo lo posible por caerle bien a todo el mundo y creo que lo conseguíamos. Desde un principio nos dimos cuenta de la actitud de algunas enfermeras. Notábamos que ya tenían tiempo trabajando y habían caído en las rutinas y el tedio que la labor implicaba, algunas veces por cansancio, otras por los problemas que venían arrastrando de su casa o tal vez la falta de motivación por parte del hospital. Además algunas de las enfermeras habían sido afanadoras que poco a poco habían aprendido el oficio de enfermeras, subían un peldaño del escalafón motivadas por querer ganar más y casi siempre carecían de vocación. No quiero decir que todas, porque algunas de estas enfermeras nos enseñaron muchas de las cosas que aprendimos en los primeros años de estudios. Las estudiantes nos sentíamos muy halagadas cuando escuchábamos decir a los pacientes o a los familiares: "mándeme a las muchachitas estudiantes, las prefiero por el trato que tienen hacia nosotros". Claro que sabían que si se nos atoraba algo pediríamos ayuda al personal superior.

LOS JUEGOS DE MESA

Claro que nosotras éramos más divertidas, pues al estar en clases había días en que los maestros, en su mayoría médicos, estaban tan ocupados que no podían ir a dar la clase, así que nos daban "horas libres" y la madre Magdalena, quien como he dicho era una visionaria, nos juntaba en un salón, nos preguntaba quién sabía jugar Damas chinas, Dominó, Póker o algún otro juego de mesa y unas a otras nos enseñábamos lo que sabíamos.

La madre mataba varios pájaros de un tiro pues nos tenía entretenidas y además nos decía: "no saben cuándo les va a tocar un paciente que esté aburrido, lo van a tener que entretener". ¡Cuánta razón tenía! Muchas veces me tocó echarme una partida de Dominó o algún otro juego de cartas con mis pacientes, que, entre paréntesis, me encanta. Incluso he llegado a jugar manos de cartas imaginarias con pacientes con demencia senil. Otra de las cosas que nos pedía la madre Magdalena era que leyéramos y nos pusiéramos a ver películas para aumentar los temas de conversación y entretener a los pacientes. Muy pronto comprobé que tenía razón, las guardias a veces son pesadas y ya no sabes cómo entretener a los pacientes que no tienen nada que hacer. La televisión ha venido a echarles la mano a las enfermeras en este sentido, pero de todos modos hay que estar al tanto de los programas y saber sugerirles los que puedan interesarles dependiendo de la edad, situación social o cualquier otra circunstancia para hacerles la vida más agradable y llevadera durante la estancia en el hospital o en su convalecencia. Otra de las cuestiones en las que hacía hincapié la madre Magdalena era que debíamos ampliar nuestra cultura, pues en estos tiempos hay muchos profesionistas, entre ellos los médicos y las enfermeras, quienes tienen una cultura general pobre. Tal vez no sea muy evidente, pero el tener cierta cultura general te ayuda a ser mejor profesionista, a tener mayor sensibilidad y todo esto se refleja en una mejor atención para el paciente, nuestro objetivo prioritario. Hay que leer mucho y estar atento a los sucesos actuales para mejorar algo todos los días.

Aquí aprovecho para hacer el comentario de que cuando las personas están enfermas e internadas en el hospital o en su domicilio, se vuelven unos individuos con necesidad de afecto y comprensión y a veces se comportan como unos bebés. Muchas veces vemos a hombrotes grandotes muy machos que cuando están en tales circunstancias lloran y se quejan como niños y todo por el miedo, normal, a dos cosas: al dolor y a la muerte. Esto es muy comprensible y es cuando nuestra parte de psicólogas y nuestros instintos maternales nos impulsan a dar todo tipo de apoyo. Resulta muy común que confíen en la enfermera para desahogar sus sentimientos, a veces hasta confían sus intimidades. Por supuesto aquí les recuerdo que tenemos la obligación de guardar el secreto profesional ya que muchas veces nos enteramos de cosas tan privadas que de nosotros no deben salir y mucho menos debemos juzgar. Sólo estamos ahí para dar bienestar a nuestros pacientes.

Otra de las cosas que se nos olvida es que tanto en los hospitales privados como en los de gobierno se está pagando por un servicio, dicho en otras palabras: no te están regalando nada y tienes derecho a exigir el mejor trato. Actualmente el Sanatorio Español tiene como política informar la hora exacta en que inicia la operación y avisar a los familiares cuando ya ha terminado para que esperen en breve noticias del médico. Por otro lado, a veces los pacientes o sus familiares están de mal humor y deprimidos e insultan al personal del hospital. Esto no se debe tomar como algo personal ya que una vez que la situación pasa normalmente se arrepienten y muchas veces piden disculpas. La enfermera nunca debe caer en el juego de tal tipo de actitudes y, por el contrario, es su deber ponerse en su lugar y entender por lo que están pasando.

En una ocasión tuve un paciente quien a raíz de un accidente en su casa sufrió quemaduras en gran parte de su cuerpo. El tratamiento consistía en ingresarlo al quirófano cada tres o cuatro días para, bajo anestesia, cepillar todas las áreas afectadas para limpiarlas. Aunque esto se hacía con anestesia, una vez que se pasaba el efecto el dolor sufrido era indescriptible. Nosotras nos encargábamos de administrarle los analgésicos y atenderlo en sus necesidades más básicas, pero debido a su condición y al dolor tan grande que padecía siempre nos insultaba al estar trabajando con él; todo era a causa de su sufrimiento y nunca tomábamos a mal su actitud hacia nosotras.

Como éste tuve infinidad de casos. Sin embargo no toda la gente que acude a los hospitales tiene buena educación y esto no justifica que la enfermera reciba regaños e insultos. Siempre hay maneras de darte a respetar ya que una persona, esté en las condiciones en que se encuentre, no tiene derecho a ofender a nadie, ni a ti ni a sus propios familiares. La enfermera debe guardar el delicado equilibrio ante los insultos recibidos, originados en las condiciones imperantes, y darse a respetar con educación. De no poderlo hacer el personal de enfermería se debe apoyar en el médico y en el personal administrativo del hospital.

APRENDIENDO A FUMAR

Cuando estábamos en la escuela había un velador al que las estudiantes veíamos fumar cigarros de hoja. Un día le pedimos que nos enseñara, desde hacer el enrollado del cigarro hasta fumar. Obviamente ni nos gustaba el sabor ni teníamos ganas de fumar, sólo era una "puntada" de estudiantes, curiosidad por cosas que no estábamos acostumbradas a hacer. El se reía mucho y disfrutaba vernos jugar a ser grandes. No me imagino lo que nos hubiera hecho la madre Magdalena de haberse dado cuenta, aunque tiempo después, cuando estábamos en los últimos semestres, ella misma nos decía: "si está nerviosa por el examen fúmese un cigarrito, pero aquí conmigo." Definitivamente era una mujer fuera de serie.

Por supuesto que esto de aprender a fumar era jugar con fuego: después nos dimos cuenta de lo difícil que era dejarlo, pero ni modo, todo es parte de las experiencias de la vida que nos enseña que los errores siempre se pagan. Ya iniciado en el vicio te olvidas de que antes no necesitabas ningún cigarro para quitarte los nervios, el hambre ni lo requerías para estudiar para un examen; la verdad es que te inventas cualquier pretexto para no dejarlo. Ojalá antes de empezar valoren esto. Por fortuna en los hospitales ya no permiten fumar, antes era lo más común, incluso en los mismos cuartos se fumaba.

LAS NOVATADAS

Es sabido que en la mayoría de los hospitales –o al menos por los que yo he transitado desde que empecé a estudiar y durante mi práctica profesional–, siempre hay historias de aparecidos. Bueno, este caso no iba a ser la excepción, también aquí contaban que se aparecía una monja y cuando nos quedábamos en las guardias nocturnas, por si las dudas, no íbamos solas al quirófano y menos si no había ninguna operación. Creo que las mismas enfermeras nos pedían que nos asomáramos para meternos miedo, ya que veían a unas muchachitas inexpertas y esto era parte de las novatadas que se hacían. De todos modos, por si las moscas, le teníamos respeto a las visitas nocturnas a los quirófanos. La verdad yo nunca vi ninguna monja que se apareciera, aunque muchas enfermeras decían que sí y que iba de un quirófano a otro con una lamparita en la mano como la de Florencia Nightingale, la iniciadora de la enfermería a nivel mundial quien se hizo famosa en la primera guerra mundial. Este personaje es realmente extraordinario: era una muchacha de familia ilustre y de posibilidades económicas solventes y no se acobardó frente al reto de pasar penurias para atender a los heridos de la guerra. Por supuesto era nuestro modelo a seguir. Florencia Nightingale usaba una lámpara para alumbrarse, así podía pasear de sala en sala y de cama en cama para supervisar a los enfermos durante la noche y cerciorarse de que estuvieran bien atendidos. De ahí se hizo la leyenda que de noche era cuando se aparecía la monja y usaba una lámpara como Florencia. La leyenda también era parte de las novatadas que se hacían no sólo a las enfermeras de nuevo ingreso, sino también a los médicos que llegaban al hospital a hacer su internado o sus prácticas.

Después estos mismos médicos en ciernes se vengaban diciéndonos que en el quirófano se había quedado el cadáver de un paciente fallecido en una operación, que no lo habían pasado a buscar de la funeraria. En una de las mesas de operaciones se acostaba uno de los estudiantes, lo tapaban con una sábana cubriéndose hasta la cabeza; cuando llegabas ahí haciéndote la valiente encarando a los practicantes de medicina, te decían: "no te vayas a asustar porque quedó medio desfigurado, es una persona que se accidentó y se golpeó en la cara, ¿eh?". Ya se pueden imaginar el susto provocado a las incipientes enfermeras cuando levantaban la sábana y el "muerto" se incorporaba y gritaba. Ya no sabías quien gritaba más: si el asustado o el que se fingía muerto. Hubo personas que incluso casi se desmayaron del susto. Todo esto era parte de las novatadas que te ayudaban a templar los nervios.

MEDICINA CORRECTA, APLICACIÓN INCORRECTA

Este paciente había tenido una embolia cerebral y como secuela, no podía hablar, sin embargo sí hacía un ruido, cuando intentaba comunicarse con alguien, que se parecía mucho al que hacía el cantante el Charro Avitia cuando interpretaba sus canciones. Al trastorno se le llama afasia y es consecuencia, como ya dije, de una lesión cerebral. Por eso le apodamos "El Charro Avitia" al pobre hombre. En aquel momento ya cursábamos el segundo año y nos permitían administrar algunos medicamentos a los pacientes, así que ese día me dieron la tarjeta con las instrucciones del medicamento y por supuesto la responsabilidad de aplicarlo.

En ese entonces las indicaciones que se debían seguir estaban escritas en unas tarjetas con toda la información relacionada con el paciente: su nombre, número de cama, medicamento, horario y vía de administración. Muy correcta llegué yo al cuarto del "Charro Avitia" y después de leer tres veces las instrucciones (era la regla de oro que habíamos aprendido) me preparé para administrarle unas gotas indicadas. Pues por mucha regla de oro aprendida, cuando vi la vía de administración y leí ótica me sonó más a ojos que a oídos ¿o no? Así me dispuse a aplicarle las gotas en los ojos. Para ello hice todo lo que me enseñaron en la escuela: traje todo el material necesario para tenerlo a la mano, le puse una toallita debajo de la cabeza por si escurría algo de medicamento, no fuera a mojar las sábanas, etcétera. Cuando se las estaba poniendo, el paciente empezó a carraspear cada vez más fuerte. Yo pensé que se estaba quejando por la aplicación de las gotas, así que yo trataba de tranquilizarlo diciéndole que ya íbamos a terminar; que tal vez ardían un poquito pero era por su bien. En eso estábamos cuando llegó la esposa del paciente y después del consabido saludo me preguntó si no sabía qué había pasado con las gotas recetadas por el doctor para los oídos. En ese momento me cayó el veinte. Entré en pánico y empecé a ponerle agua con bolas de papel, para eso usé la llave del baño que estaba muy cerquita. En mi desesperación puse tanta agua que a pesar de que tenía la toallita en la cabeza se empezaron a mojar las sábanas, bueno, ¡el agua llegaba hasta el piso! Era un verdadero desorden. Cuando pensé que ya le había lavado los ojos lo suficiente la dije a la esposa que iba a ver qué había pasado con las gotas. Por supuesto que el pobre hombre seguía carraspeando. Salí del cuarto a todo lo que podía y casi enseguida me encontré con Meche, una compañera de un grado más alto que yo y le platiqué lo que había hecho, en lugar de animarme me dijo: "Garibay creo que ya lo dejaste ciego". A mí se me fue el alma al suelo.

En eso estábamos cuando pasó un médico, le consultamos qué le podía pasar a los ojos del paciente y nos dijo que nada, no había razón para preocuparnos. Me volvió el alma al cuerpo y regresé para emplear las gotas indicadas en el lugar indicado, además de cambiarle la cama y el camisón. Con tanta agua más bien se podía morir de una pulmonía. Después de esta experiencia quería que se modificara la regla de oro, de leer tres veces las instrucciones que mejor fueran veinte veces, pero bueno, son gajes del oficio y afortunadamente no pasó nada.

¡SORPRESA! UN ENEMA

Ya cuando nos dejaban hacer algunas cosas más en la práctica de enfermería, por supuesto las menos agradables nos tocaban a las estudiantes. En esa ocasión nos tocó a Meche, la compañera del grupo más avanzado ya mencionada y a la de la voz realizar un enema, que en idioma coloquial es simplemente una lavativa.

Nos fuimos al cuarto del paciente, un ranchero de talla grande, con aproximadamente unos 60 años de edad. Al vernos en una situación tan difícil, no por el procedimiento sino por la situación, pensamos que lo mejor sería hacerlo entre las dos dado que ambas teníamos mucha pena.

Al entrar nos dijo el paciente: "¿Qué andan haciendo aquí muchachitas?" "Le vamos a poner un enema señor" fue nuestra respuesta. "¿Y eso que es?", nos preguntó. "Pues una lavativa" le contestamos. "¡Pues háblenme en español pues!"

Decidimos que una de nosotras le insertaría el bitoque y la otra levantaría el tanque del agua jabonosa para darle presión con la altura y ésta pudiera bajar y cumplir su cometido, llegar dentro del intestino para lavárselo.

Ya cumplida la primera parte subí el tanque del agua para que ésta fluyera, pero resultó que después de despinzar la manguerita no pasaba nada de agua. Meche me dijo: "súbete al banquito, Garibay, para que subas más y el tanque agarre más fuerza". Yo así lo hice ¡y nada! Entonces pensamos que a lo mejor la cánula no estaba bien puesta y colgamos el tanquecito del agua en un tripié y nos acercamos las dos para inspeccionar si estaba bien puesta. En ese momento se llevó a cabo una explosión y Meche y yo quedamos con todo y uniformes, todas salpicadas de ya saben qué.

Cuando el señor vio como habíamos quedado todas pringadas y asustadas nos dijo: "¡No se asusten niñas, es puro "aigre" no pasa nada!" Cuál puro aire. Resulta que el "aigre" venía acompañado de un montón de cosas que el paciente había comido en días anteriores. Pero se había logrado el objetivo deseado, limpiar el intestino y eliminar lo que estaba atorado por ahí. Como dije antes son gajes del oficio y ni modo.

Como se podrán imaginar, en la práctica de la enfermería hay un sin número de situaciones que como esta no son nada agradables y por las cuales se debe pasar. Aquí es donde la vocación juega un papel muy importante al ejercer esta profesión. De hecho, todas las profesiones tienen sus bemoles y cuando decidimos dedicarnos a alguna de ellas debemos estar conscientes cuáles son y, amparados en una vocación verdadera, sobrellevarlas lo mejor posible.

UNA MUY VALIOSA LECCIÓN

Mi prima María Victoria (a quien siempre le apodamos Botis) es casi como una hermana para mí. Siempre fuimos muy cercanas. Pues resulta que en algún momento Botis debía de ser operada de la nariz porque tenía el tabique desviado y muchos problemas para respirar. Llegó el día de la operación y como siempre, desde entonces, yo he acompañado a mis familiares a pasar por ese trance. La prepararon y fuimos a dar al quirófano.

Ya estando en la mesa de operaciones, Botis empezó a decir que tenía mucho miedo, que ya se quería ir, que no se quería operar porque estaba segura de que le iba a pasar algo grave y muchos, muchos temores más. Como me fue imposible tranquilizarla me salí del quirófano y fui a buscar al Dr. Jorge Siller, quien por cierto era como un hermano para mi papá, estuvieron juntos en la universidad y vivieron en la misma casa de asistencia. Es más, él siempre aplicó la anestesia a todos los familiares que necesitaron de alguna operación; por esto todos en la casa le decíamos tío Jorge y aprendimos a quererlo a través del cariño que se tenían él y mi papá. El caso es que me fui al cuarto de médicos decidida a hacer lo que fuera necesario para convencer a Botis de operarse. Pensando que él la podía convencer de empezar con el procedimiento le planteé a mi tío la situación y el estado de nervios en el que se encontraba.

Ese día aprendí una de las lecciones más importantes que he tenido en mi vida profesional. Mi tío me dijo: "que se levante y se vaya a su casa y cuando esté tranquila y convencida de que se quiere operar que venga, aquí vamos a estar todos esperándola. Si la operamos así y de verdad le pasa algo debido al estado de nerviosismo en el que se encuentra, no nos lo vamos a perdonar."

Ese día se me quedó tan grabado que en algunas ocasiones no he corrido el riesgo de hacer algo en contra de los deseos de algún paciente, aunque no tenga la razón. De sobra está decir que Botis se fue del hospital sin operarse, pero regresó después de varios días, ya más tranquila, para realizarse el tratamiento tal y como estaba planeado desde el principio.

En otra ocasión, muchos años después, y también relacionado con esta experiencia, yo era parte de un equipo que estaba aplicando la vacuna contra la influenza en una empresa; llegó uno de los empleados y dijo que él era alérgico a las jeringas. Pensando que había entendido mal le pregunté de nuevo a cuál medicamento era alérgico y me contestó que no, a ninguno, él era alérgico a las jeringas. ¿Cómo la ven? Pero al igual que aquella vez con mi prima Botis, le dije: "váyase y cuando se le quite la alergia a las jeringas viene y lo vacunamos". Mientras se retiraba empezaba a sentirse aliviado de haber sorteado esa "dificultad"; pero el alivio le duró muy poco, ya les aviso la rechifla que le hicieron sus compañeros de trabajo, de maricón no lo bajaron, bueno, eso fue lo mínimo que le dijeron.

Yo pienso que me he ahorrado un sinfín de problemas a lo largo de mi ejercicio profesional gracias a este consejo. Gracias, tío Jorge.

3

LAS PRÁCTICAS

LA GRADUACION Y ALLÁ VAMOS

Después de tres años de estudiar y antes de irnos al servicio social, todas en la generación ya teníamos asignado nuestro puesto de trabajo. Éramos solo 7 pasantes. Tuvimos ceremonia de graduación con misa y todo. Por la mañana fuimos a la catedral y ahí oímos misa. Todas muy devotas y con toda la ilusión del mundo; pero sin saber realmente lo que nos esperaba, dimos gracias a Dios por habernos permitido terminar nuestros estudios. También pedimos mucho por nuestros papás ya que fue gracias a ellos, con su apoyo, que pudimos seguir por el camino de nuestra vocación. Algunas de mis compañeras de verdad hacían un gran esfuerzo para venir desde el rancho donde vivían, dejaban de ayudar a sus papas en la labor para trasladarse en camión desde allá.

Por la noche nos entregaron las cofias con la cinta negra, que quiere decir que la carrera de enfermería ya estaba terminada; pero como solamente éramos pasantes sólo nos ponían la mitad de la cinta en una esquina de la cofia y de forma diagonal. La cinta completa te la colocaban después de presentar el examen profesional. Y hablando de uniformes, quiero comentar que cuando se dejaron de usar los de falda, pues se introdujo la moda de los norteamericanos de usar pantalón, hubo un clamor general por parte de los médicos, ya que no les gustó la idea de que usáramos pantalones en lugar de faldas. Eso nos sonó a halago a nosotras pues en definitiva las enfermeras se ven más femeninas con falda.

Además de los discursos, la señora Nena, un miembro de la beneficencia del hospital, nos regaló una cruz de madera con un Cristo y las oraciones de la buena muerte. Las cruces estaban benditas y ahí empezamos a caer en la cuenta de la cruda realidad: no sólo íbamos a aliviar a los pacientes sino que también nos tocaría eventualmente ver fallecer a muchas personas y debíamos ayudarlos a bien morir. No olviden que éramos egresadas de una escuela católica donde la directora era una monja. Al terminar la ceremonia de graduación salimos de ahí con nuestras ilusiones y las flores que nos habían llevado nuestros familiares, cada quien iría a cenar con su familia.

Después de algunos días nos presentamos en el hospital del ISSSTE para iniciar nuestro servicio social. El hospital estaba nuevecito y hermoso. Nos tocó inaugurarlo de todo a todo. Antes de ir, me llamó el Dr. Manuel Cervantes para decirme que necesitaba que fuera al día siguiente, había la posibilidad de que yo me quedara como supervisora. Al día siguiente estaba yo francamente mal, ese día me había bajado la regla, con el consabido cólico que me tumbaba en la cama el primer día. Hice un esfuerzo y fui a la entrevista con los funcionarios que habían venido desde la ciudad de México y por fortuna yo me quedé con la plaza de supervisora. Lucía, otra compañera de la generación anterior, era la jefa de enfermeras. Con esto quiero hacerles ver que nunca fui "soldado raso", gracias a Dios desde el primer día que empecé a trabajar tuve la fortuna de hacerlo desde el puesto de supervisión.

El siguiente lunes empezamos a trabajar, a contratar el personal de enfermería y de paso al de intendencia. Tuvimos que formar los equipos de cirugía y hacer análisis de puestos para darle las actividades y obligaciones a todo el personal. En aquel tiempo las guardias que hacíamos eran una semana de tarde y otra de noche; lo cual era muy pesado, apenas te acostumbrabas a dormir de día cuando ya tenías que hacerlo de noche. En fin, a los 20 años te acostumbras a todo. Por cierto, el primer sueldo nos llegó a los 5 o 6 meses de estar trabajando. Afortunadamente yo no tenía problema, vivía en la casa de mis papás; pero veía a mis compañeras que empeñaban todo lo que podían para sobrevivir. Vivían al día. Finalmente nos llegó el sueldo y además retroactivo.

Recuerdo que para irme al Hospital a veces me llevaba mi primo Ricardo en una motocicleta que tenía. Como él trabajaba en un hotel coincidíamos en los horarios, sobre todo de noche. Cuando me llegó mi sueldo me compré mi primer automóvil. Era un "Vocho" que me vendió un señor y me dijo que el antiguo dueño era una señora que lo usaba sólo para ir a la iglesia y al mercado. Yo me sentía tan contenta que no le ponía ningún pero, para mí era como comprar un Cadillac, estaba en verdad feliz.

Ahí en el ISSSTE fue donde en realidad empecé a aprender enfermería. Cuando sales de la escuela crees que sabes todo de todo; pero cuando te enfrentas a la cruda realidad reconoces que apenas estas aprendiendo. Poco a poco les iré contando todas las experiencias que viví ahí.

Las prácticas en el hospital las iniciábamos después de que nos imponían las cofias. Era una ceremonia muy significativa y emocionante ya que de ahí en adelante podíamos tener contacto con los pacientes. Se pueden imaginar la emoción que teníamos el primer día de prácticas. Nos sentíamos en definitiva las Florence Nigthingale de la Laguna. Por ese tiempo se abrió el primer hospital del Instituto Méxicano del Seguro Social (IMSS) que comenzó en donde era el Hospital Civil, ahora el Hospital Universitario. Para esos menesteres se trajeron enfermeras de Monterrey. Todas ellas estaban tituladas, algunas con especialidad a diferencia de las enfermeras locales, que eran egresadas de la escuela de la Cruz Roja. Fue en el IMSS y en otros hospitales, como el Infantil y el Ejidal, donde iniciamos nuestras prácticas hospitalarias. Ahí me encontré con algunos de los médicos compañeros de mi papá, entre ellos el Dr. Joaquín del Valle quien era uno de los iniciadores del hospital. Todos ellos hicieron que me sintiera bien, como en casa.

Ahí (en el Hospital Ejidal) supe lo que era un hospital de tercer nivel y me tocó asistir a la primera operación de corazón. El Dr. Antonio Urbina de la Rosa efectuaba las comisurotomías. Este procedimiento consistía en dilatar las válvulas del corazón y ponerle válvulas nuevas. En aquel entonces eran la novedad en medicina y mucho más en nuestra ciudad donde nadie las hacía. Una de las enfermeras que me llamaba la atención era Rosita, la enfermera instrumentista durante estas cirugías. Ella era como un patrón a seguir, era muy profesional y le gustaba enseñarnos a las estudiantes que pasábamos por SU quirófano (así con mayúsculas). Ahí circulábamos por todos los departamentos para aprender desde cómo hacer torundas de algodón hasta a ayudar en las operaciones, pasando por prematuros y CEYE (central de equipos y esterilización), en donde se hacía todo el material, se formaban los equipos de cirugía, se esterilizaban guantes, etcétera.

Este era un hospital donde se le daba importancia a la enseñanza tanto de los estudiantes de medicina como de enfermería y aún más importante: nos entrenábamos para enseñar a las estudiantes de generaciones que venían detrás de las nuestras. Nos motivaba a hacer eso el recordar cuando estábamos en la misma situación y que no había nadie que nos corrigiera o enseñara cómo hacer las cosas. De esta experiencia aprendí que lo peor que puedes hacer es no enseñar a los demás lo que tú mismo vas aprendiendo. Esas personas que no comparten sus conocimientos y experiencias terminan quedando solas y rezagadas, pues al difundir lo que tú ya sabes promueves que los demás hagan lo mismo contigo, ya que por mucha experiencia que tengas siempre hay cosas que puedes seguir aprendiendo y no sólo eso; los pacientes, que son quienes más nos deben de preocupar, se verán beneficiados, el personal que los atiende hará un mejor trabajo al estar mejor preparados, además de que lo harán en equipo.

EL IMSS EN TORREÓN

Cuando nos enviaron al hospital del Instituto Mexicano del Seguro Social (IMSS) que por esos años se iniciaba en Torreón, nos fuimos llenas de emoción y con los deseos de aprender de las nuevas enfermeras (que casi todas eran de la ciudad de Monterrey) pues aquí, lo repito, sólo había dos escuelas de enfermería: la de la Cruz Roja y la Isabel La Católica en donde estaba estudiando yo. Cuando entramos al hospital vimos todo lo que implicaba trabajar en una institución de gobierno, en donde se manejaban las cosas muy distintas en comparación con el Sanatorio Español, ya que aquel era un hospital de enseñanza.

La señorita Mague González era la jefa del departamento de pediatría. Siempre me provocaba una tensión muy particular cuando me tocaba estar en ese departamento. No me gustaba ver niñitos enfermos y nunca entendí por qué Dios mandaba enfermedades a estos pequeños seres que no le habían hecho daño a nadie. Inclusive bajaba de peso durante el tiempo que permanecía ahí. La señorita Mague era un verdadero general, estricta, dura, disciplinada y muy profesional; además de ser una excelente maestra. Ella fue la que me enseñó a canalizar y aplicar sueros, lo que resultaba el "coco" de todas las estudiantes. Cada vez que canalizaba a alguno de los niños podía ver como se dilataba la venita cuando entraba la aguja en ella, las venitas de los niños son unos hilitos delgaditos. Quería llorar junto con ellos, me dolía mucho tener que hacer este procedimiento.

Nunca dejaré de agradecerles a las maestras, como ella, el haberme enseñado todas esas técnicas. La señorita Mague fue una de las mejores enfermeras que he conocido y era un ejemplo para todas nosotras. Había egresado de la escuela de la Cruz Roja aquí en Torreón y para ella no había descanso, ni tiempo para comer, mucho menos para perderlo platicando o haciendo cosas que no fueran lo que tenía que hacer. Algunas veces me la he encontrado y disfruto mucho verla y platicar con ella.

Los detalles que me han servido mucho al realizar la canalización y que aprendí de la señorita Mague son básicamente, en mi experiencia, los siguientes:

Primero: estar seguros de que antes de dar el primer piquete tengamos todo lo que se va a necesitar.

Segundo: ponernos en una posición cómoda, de preferencia sentada.

Y tercero: es muy importante que la persona que se va a canalizar esté quieta y tranquila, por lo cual algunas veces se puede necesitar de ayuda para detener al paciente, sobre todo cuando son niños o adultos mayores.

Yo les sugiero preguntar al paciente si es diestro o zurdo para dejar la mano dominante libre y que la puedan usar para comer, o cualquier otra actividad que necesite. Desde luego siempre la práctica hace al maestro, algo que se puede ver en los técnicos de laboratorio: al hacer esto tantas veces todos los días se vuelven verdaderos expertos. Aquí pongo estos pasos y consejos con el único afán de que les puedan servir en la práctica.

Para ilustrar el tercer paso que menciono en el párrafo anterior les voy a platicar una anécdota que tuve y a la que me gusta llamar "el caso de la pastilla mágica". Sucedió muchos años después de las prácticas, cuando yo ya tenía mi propia central de enfermeras.

En una ocasión me llamaron para ponerle un suero a una señora a la que los doctores no le encontraban qué tenía. Llegué a su casa y me encontré con una paciente toda piqueteada por alguien que no sabía canalizar. Cuando hallo casos así siempre comento que por favor no dejen que hagan eso. Al final ya no hay venas factibles de canalizar y se complica más el procedimiento, además de que todo esto es en perjuicio del paciente pues tal vez se tendrá que picar varias veces más.

En este caso, como es lógico, la señora me dijo que no quería que la picara más, que ya estaba cansada y que la dejara como estaba. Yo le dije que me diera una oportunidad y que si a la primera no podía ya no la iba a molestar. Lo primero que hice fue tranquilizarla y le dije que antes de empezar la iba a preparar dándole una pastillita. Le di instrucciones de que no la masticara, más bien que se la tenía que poner en la boca para que se disolviera poco a poco, de lo contrario no tendría efecto. Después de un rato de platicar con ella vi que se había tranquilizado así que le busqué una venita adecuada para el procedimiento y con toda la calma del mundo le puse el catéter a la primera.

La señora quedó muy agradecida y la familia también. Antes de irme, una de las hijas después de darme las gracias me preguntó qué pastilla le había dado. Se sorprendieron mucho cuando les revelé que era una pastillita de menta, de esas que se venden para el aliento. Lo que realmente la había tranquilizado era la confianza que le di cuando no la quise obligar a hacer mi santa voluntad, sino la de ella, no dejarse picar más. De repente hay que echar mano de algunos recursos inventados y lo que en el momento se nos ocurre para lograr lo que queremos, en este caso las indicaciones del médico. Siempre hay que tratar de que el paciente esté bien atendido y que sienta que él es el que dirige su vida y toma sus propias decisiones.

Usando la buena voluntad, y sobre todo escuchando las necesidades de los pacientes, ellos nos dan la pauta para saber actuar de la manera en que ellos quieren, sobre todo generar la idea de que se hace los que ellos deciden. Aunque muchas veces los tenemos que convencer de que lo conveniente es lo que nosotros como profesionistas les recomendamos.

LA MANO MÁGICA

Uno de los departamentos más tristes y de mayor tensión es el departamento de oncología. Ahí te encuentras muchos pacientes en fase terminal y es aún más triste la sección donde están internados los niños.

En alguna ocasión me encontré con uno a quien le gustaba pintar en cuadernos de dibujo. Estando con él le dije que al día siguiente le iba a llevar un cuaderno para que pintara y me dijo: "¿por qué no me lo traes hoy? A lo mejor mañana ya no estoy aquí".

Pensando que tal vez lo iban a trasladar a otro lugar para algún tratamiento, le pregunté que en dónde iba a estar.

"A lo mejor en el cielo porque me voy a ir con Diosito, ya me lo dijo mi mamá", fue su respuesta. Como comprenderán salí disparada en ese momento para llevarle el cuaderno de pintar.

A este tipo de pacientes, que tienen los días o en general el tiempo contado, no les puedes prometer nada sin cumplirles porque no sabes si tendrás oportunidad. Una cosa impresionante es el concepto acerca de la muerte y la madurez que tienen los niños. Creo que esto se debe a la falta de malicia y de experiencias negativas sobre el tema. No están contaminados con las ideas negativas y los estereotipos que los adultos acumulamos a lo largo de nuestra vida. Definitivamente he visto que los niños nos dan cátedra a los adultos de cómo morir y creo que se debe a la forma en que ellos ven la vida.

En una ocasión estando en la sala de pediatría del IMSS nos pusimos a entretener a los niños, lo intentábamos hacer con la mayor frecuencia posible y en la medida que nuestro trabajo nos lo permitía. En un momento dado, al estar jugando, uno de los niños se dio cuenta que una nube tapaba el sol y dijo: "Voy a prenderlo otra vez". Tras decir esto, él calculaba el momento en el que el sol iba a salir de nuevo detrás de la nube y en ese instante hacía un movimiento con su manita y decía: "¿ves? ya lo prendí, tengo una mano mágica".

En general los niños en fase terminal necesitan dos cosas principalmente:

1. Estar cómodos. Con esto me refiero a que deben de estar en un ambiente de amor y comodidad, tanto física como

psicológica donde se les proporcione, en la medida de lo posible, un ambiente "normal" y adecuado a su edad.

2. Que se les proporcione información honesta, tanto de la enfermedad que padecen como del tratamiento al que van a estar sujetos y del pronóstico que se puede esperar.

El niño puede expresar de muchas maneras sus miedos y preocupaciones y está en nosotros, el personal médico, tener la preparación para actuar de la mejor manera cuando lo manifieste; así como de aconsejar, en lo posible, a sus familiares. En ocasiones los mismos padres no saben qué hacer o cómo reaccionar ante tales situaciones y necesitan desesperadamente de alguien que les aconseje sobre la mejor manera de manejar la circunstancia por la que está pasando su hijo. Lo más importante es hacer que el paciente se sienta en un ambiente de confianza donde perciba que puede tener la confianza de hablar de lo que él quiera, preguntar lo que le inquieta o expresar sus temores o sus deseos. Esto toma tiempo y es un proceso por el que deben pasar no sólo los pacientes, sino también sus familiares más cercanos. Otro aspecto que no se debe dejar de lado es hacerles sentir que es normal tener miedo o sentirse enojados o tristes. Cuanto más amado se sienta el niño, más fácil será llevar a cabo todo el proceso; será de gran ayuda para sobrellevar la enfermedad o si así llegara a suceder, en caso de un desenlace fatal.

EL HOSPITAL EJIDAL

Otro periodo de prácticas las realicé en el Hospital Ejidal. Se encontraba en un edificio que actualmente está en la esquina de la avenida Matamoros y la calle Madero, contra esquina de la Clínica del Diagnóstico.

La jefa de enfermeras de este hospital era también muy enérgica pero rayaba en lo arbitrario. Siempre estaba de mal humor y nos regañaba por todo, además parecía tener un rencor especial contra las estudiantes de la Escuela de Enfermería

Isabel La Católica. Nos veía como las niñas "popis" de la enfermería y alguna que otra vez nos decía que sólo estábamos estudiando mientras nos casábamos y que no teníamos vocación. Varias veces nos dijo: "¡Partan las torundas en dos!, aquí no se desperdicia nada, no están en el Sanatorio Español en donde se atienden los riquillos que tienen con qué pagar. Aquí todos somos pobres así que tienen que ahorrar". Siempre hacía sus comentarios con un gran resentimiento.

La realidad es que siempre pensé que no estaba bien de sus facultades mentales ya que después de algún tiempo nos enteramos que la habían internado en un hospital psiquiátrico. Sólo espero que no haya contribuido a eso todo lo que batalló con nosotras. De todos modos nos sirvió muchísimo estar en contacto con ese tipo de persona, te moldea el carácter aprender a obedecer a la autoridad a pesar de las circunstancias, entre ellas su manera de ser.

En el hospital vimos muchos casos donde, al igual que en el IMSS, una vez que llegaban los pacientes era demasiado tarde para lograr curarlos y salvarles la vida. Ahí aprendí que no sólo la falta de recursos sino también la falta de educación a veces ocasionan todo tipo de patologías poco comunes; que además, por la precariedad, tanto de ellos como de los hospitales, no se pueden atender de manera adecuada ni comprar las medicinas requeridas para la curación. Algo que complica esto aún más es el gran número de pacientes que ingresan a estos hospitales.

Durante ese tiempo conocí a la señora Aranzasú, era una partera en toda la extensión de la palabra. Ella era mamá de una compañera que entró a estudiar a la escuela un año después que yo. La señora Aranzasú era la partera del hospital y la encargada de la sala de Gineco-obstetricia y era sensacional porque cuando llegaba el médico a pasar visita a las parturientas se acercaba y les decía: "¡Arriba! a lavarse el mono porque si no, le van a dar una patada con el olor al doctor y lo van a desmayar. ¡Órale! agua y jabón, mis niñas". Era una partera excelente que trajo a este mundo a muchos niños.

EL CANARIO

Cuando entré a la escuela de enfermería nunca en la vida había visto un muerto y menos presenciado cuando alguien se moría. Por fortuna en mi familia no se había muerto nadie cercano y desde la muerte de mis abuelos, acontecida cuando mi papá estaba soltero, nunca había fallecido nadie más de la familia inmediata.

Una de las primeras veces que estábamos de guardia, la madre Magdalena ya sabiendo que yo no había tenido este tipo de experiencias, me dijo: "Alicia, usted no se va a despegar del señor fulano de tal hasta que se muera, pues en esas está. Ya está muy malito, y me va a ayudar en la técnica de amortajar al paciente". Obviamente ya no iba a ser paciente sino cadáver. A él le decíamos el canario porque estaba de un color amarillo muy pero muy intenso. Eso se debía a que padecía cáncer de hígado y de ahí la ictericia que presentaba, entre otros síntomas. Bueno, volviendo al "no se va a separar del paciente hasta que se muera", yo, cada vez que se ofrecía algo salía corriendo a buscar lo que se necesitara: el expediente, el estetoscopio o lo que fuera con tal de no estar ahí y no pasar por dicha experiencia.

Por ese entonces las madres del hospital encargadas de la cuestión religiosa de los pacientes se enteraron de que el señor canario no estaba casado por la iglesia, así que no perdieron la oportunidad de salvar el alma del paciente y de paso la de su señora; quien por cierto ya tenía muchos años de vivir con él. Por supuesto que las estudiantes no perdimos la oportunidad de tomar parte en la ceremonia y le pedimos permiso a la madre superiora para que nos dejara organizar todos los detalles del suceso. Para este efecto nos trajimos flores del departamento de maternidad, sabíamos que ahí siempre había muchos ramos de flores de las parturientas y los dejaban abandonados cuando se iban del hospital. Trajimos una grabadora para poner música para la ceremonia y las estudiantes nos pusimos flores en la cofia pues actuamos como las damas de honor.

El día fue muy esperado por la señora ya casi esposa del señor canario, supongo porque ella siempre había deseado casarse con él y no se le había hecho. Llegó muy arreglada con todo y los padrinos; creo eran algunos de sus hijos u otros familiares. Al poco rato apareció el sacerdote. Ya para entonces todo estaba listo y la esposa que estaba en vías de ser "la legal" ante la iglesia rodeó al señor canario por los hombros, muy cariñosa. Al llegar la ceremonia al punto de preguntar si la aceptaba, el señor canario no respondió pues su enfermedad estaba tan avanzada que ya no le permitía ni moverse, mucho menos hablar. El sacerdote al no obtener respuesta repitió la pregunta, pero en esta ocasión el paciente asintió levemente, ayudado por su esposa que le empujó la cabeza desde atrás aprovechando el abrazo. El sacerdote dio por buena la respuesta y quedaron felizmente casados. Terminada la ceremonia, en donde hubo hasta las clásicas lágrimas, todo mundo se fue a su casa menos la recién casada y próxima viuda. Se quedó para esperar el fatal desenlace; pero eso sí, todo dentro de la ley de Dios y de los hombres.

Poco tiempo después me dijo la madre que le tomara los signos vitales, es decir, la temperatura, la presión arterial, el pulso y las respiraciones por minuto. Cuando llegué a la temperatura yo le puse el termómetro en la axila, esperé el tiempo correcto para hacer la lectura y no podía creer que el resultado fuera de treinta y cuatro grados centígrados. Yo pensé que el termómetro estuviera mal y lo volví a bajar más, se lo volví a poner y resulta que no subió nadititita. En eso entró la supervisora y cuando le platiqué lo que pasaba me dijo: "¡Ay señorita! pues lo que pasa es que ya se está enfriando pues ya se está muriendo ¿ok?". Al poco rato llegó la hora de irnos a comer y yo pensé que era lo mejor, pues especulé que cuando yo regresara seguro ya se habría muerto y me iba a ahorrar esa experiencia sólo de momento, pues sabía que después de este caso tendría muchos más. Sinceramente estaba intentando evitar lo inevitable. ¡Craso error! Cuando llegué ahí estaba, vivito y coleando, bueno, es un decir, el pobre señor ya no podía hacer nada.

Al final no me pude escapar de estar junto al paciente en su momento de morir. Después de que sucedió lo analicé y en realidad no fue tan impactante como yo pensaba, pues sólo dejó de respirar y todo se acabó en unos minutos. Lo verdaderamente inesperado fue la preparación para que se fuera en la camilla de la funeraria, dado que en aquel tiempo las técnicas se utilizaban de otra manera. Teníamos que taponear todos, y me refiero a todos, los orificios para evitar que el cuerpo expulsara líquidos por las narinas, el recto, la vagina, que en este caso no aplicaba, etcétera. Después había que envolver el cuerpo en una sábana, como si fuera un bebé recién nacido, es decir hecho un taquito y con el pico de la sábana de la parte superior se le cubría la cara. Antes de esto ya se le había vendado la mandíbula para evitar que la boca se abriera y también se le habían cerrado los ojos pues se veía muy mal que se le quedaran abiertos. Estas prácticas se dejaron de realizar. Alguien de las funerarias debe haber señalado que no era necesario pues allá los bañaban, los preparaban y después de vestirlos los maquillaban. Gracias a Dios y a las funerarias se eliminó esta práctica. Era de lo más desagradable.

Cuando ya estuvo listo el señor canario, el personal de la funeraria, que había llevado la camilla con unos cintos para fijarlo y evitar que se cayera, bajó el cuerpo y lo colocó sobre ella, ubicada en el piso, no sin antes dejar por error debajo, uno de los cinturones para amarrarlo. La Madre Magdalena me dijo: "sáqueles el cinturón de debajo de la camilla". Yo estaba tan nerviosa que me patiné y me caí encima de la camilla y literalmente encima del muerto. Pero así como me caí así me levanté: ¡de volada!, casi casi como si me hubiera caído en un trampolín. Ya que se lo llevaron por fin respiré tranquila. Esa noche creí que no iba a dormir; pero la verdad estaba tan cansada que me arrojé como un tronco. Así terminó la historia del primer paciente que vi morir. Lástima que no iba a ser el último.

Después de un tiempo, al terminar de estudiar el diplomado de Tanatología me he dedicado, al menos con mis pacientes, a darles la ayuda tanatológica necesaria al igual que a los familiares. Siempre he defendido la idea de que una de las materias que deberían de enseñar en las escuelas de enfermería así como en las de medicina es la tanatología. Muchas de las veces la muerte hace de las suyas y hay que dar ese apoyo. Lo mismo debería de ser en los hospitales. Creo que deberían tener un departamento para el apoyo a los familiares, sobre todo si es la primera vez que viven esa experiencia, cuando no saben qué hacer, y menos lidiar con el dolor que esto les causa complicándose todo el proceso.

Aquí como en la lucha libre: a veces ganan los rudos y a veces los técnicos y valga la comparación, a veces las personas se curan y a veces se mueren. Es la ley de la vida y, de refilón, también la de esta profesión.

BALAZOS EN EL HOSPITAL

En aquel entonces no sabíamos de balazos ni de narcos; pero por supuesto que había, no con tanta intensidad; pero claro que ya existían ambos. El caso fue que en el Hospital en donde estábamos haciendo prácticas habían internado a un paciente balaceado, si mal no recuerdo se apellidaba Ceja, raro nombre, como para no olvidarte de él. Además estaba en calidad de detenido. Ya desde aquel entonces (más o menos 1964) no se respetaban los hospitales cuando se trataba de liberar o ejecutar a alguna persona que estorbaba a los delincuentes. Dada su condición legal, el paciente estaba custodiado por dos policías ubicados a la puerta del cuarto. El día del suceso, la esposa o lo que fuera del paciente, entró a la habitación con una pistola entre sus cosas y el narco, que no estaba tan malito, se levantó y mató a uno de los policías e hirió al otro para después salir corriendo, subir a la azotea del hospital y abordar un helicóptero para salir huyendo. Yo creo que no lo volvieron a ver al menos por un tiempo. En medio de la confusión la mujer salió del hospital sin que nadie le dijera nada. Las enfermeras y por supuesto las estudiantes y las monjas pusimos pecho en tierra y nos escondimos como pudimos en otros cuartos, en la central de enfermeras, en los quirófanos o donde pudimos. Después de un rato fuimos a darle auxilio a los policías. Fue en ese momento que nos dimos cuenta que uno ya estaba muerto. También tuvimos que tranquilizar a los otros pacientes internados en el hospital quienes se dieron cuenta de que algo malo estaba pasando. Más tarde llegaron todas las corporaciones de policías para iniciar con las averiguaciones; pero creo que a toro pasado ya no pudieron hacerle nada.

Ahora se han puesto más de moda estas actividades y ya con la mano en la cintura o más bien con el cuerno de chivo o como se llame la ametralladora o la pistola en la cintura, entran a los hospitales a "rematar" a algún paciente internado después de una balacera o pleito. O sea que el hospital ya se puede considerar como zona peligrosa cuando tienen internados a este tipo personas. Pero seamos optimistas y pensemos que algún día de estos, al cabo no hay de otros, esta situación va a cambiar para bien. No perdamos las esperanzas.

LAS EMERGENCIAS SE DAN EN TODAS PARTES

En las guardias del Sanatorio Español nos tocaban a veces turnos de noche y como en aquel tiempo el sanatorio no tenía la ocupación que ahora tiene, la madre Magdalena nos prestaba un cuarto para dormir de las doce de la noche hasta las siete de la mañana. ¡Habrase visto! Así nos consentía ella. Como éramos muy poquitas estudiantes y sobre todo muy poquitos pacientes, se podía hacer eso.

Un día que estábamos arreglándonos para salir del cuarto, la compañera que se encontraba de guardia conmigo presentó una crisis epiléptica. Ya se podrán imaginar el susto que me di. Todo lo que nos habían dicho acerca de cómo atender a quienes la padecen brilló por su ausencia. Ni abatelenguas ni cuchara ni nada que se le pareciera estaba a mi alcance para evitar que se mordiera la lengua. Lo único que se me ocurrió fue abrazarla y así evitar que se golpeara al caer. Cuando estaba en el suelo le puse una almohada en la cabeza y salí corriendo a pedir ayuda a las enfermeras del piso. Ya cuando se le habían pasado las convulsiones se quedó dormida y así duró casi toda la mañana. Después nos enteramos que no era la primera vez, le habían iniciado cuando tuvo su primera menstruación. Después de un tiempo desaparecieron y ya no tuvo ningún otro trastorno. Inclusive se casó y tuvo tres hijos sin ningún problema. Era una de las compañeras con las que me llevaba mejor, además era mi vecina y nos íbamos juntas a la escuela. Aunque ya no la veo porque se fue a vivir fuera de Torreón, el suyo es uno de los recuerdos que siempre tienen un lugar especial en mi corazón entre los de mis amigas.

Algunas veces suceden tales eventos de epilepsia en lugares como misas, peregrinaciones o en algún otro sitio en el que se aglomera la gente, siempre hay alguien que sugiere traer alcohol u otros remedios caseros inservibles. Lo que hay que hacer es impedir que se caigan las personas para que no se lastimen, evitar que se muerdan la lengua metiendo algún objeto de madera en la boca ya que si meten una cuchara o algo de metal pueden romperse un diente y sale peor el remedio. Después dejen dormir un rato a la persona y sola se recupera. Desde luego siempre se debe acudir a un médico para investigar la causa, sobre todo si es la primera vez que sucede. El alcohol no sirve de nada más que para el susto de los presentes y eso tomado después de haber resuelto la contingencia.

En la mayoría de estos y otros casos de emergencia si no tienen entrenamiento, por favor no sugieran remedios caseros, la verdad nunca o casi nunca funcionan. Inclusive se lleva el riesgo de que lleguen a perjudicar más a la persona que está sufriendo la crisis. Lo mejor que podemos hacer es guardar la calma, pedir ayuda y colocar al paciente en la posición más cómoda posible, de preferencia acostado. En caso de haber hemorragia tratar de contenerla con presión y un trapo y esperar a que llegue la ayuda.

EL BULTO MISTERIOSO

La primera vez que entré en un quirófano me acompañó la madre Magdalena. En ese momento había una operación y desde la puerta nos asomábamos a ver qué advertíamos; no teníamos autorización para entrar ni la preparación para conducirnos con propiedad en ese ambiente; sin embargo la madre Magdalena nos quería familiarizar con el medio. En una de las salas estaba en proceso una cirugía y yo no sabía de qué se trataba. En ese momento alguien le habló a la madre, ella entró y salió rápidamente del quirófano, traía con ella un bultito en las manos y dándomelo me dijo: "Llévalo al cuarto séptico", el cuarto donde se lavan los instrumentos usados en las cirugías y se desecha lo que no sirve. Yo lleve el "bultito" a ese lugar; pero la curiosidad de saber lo que pasaba me indujo a investigar lo que me habían dado y ¡oh, sorpresa! era la pierna de un pobre cristiano amputada debido a la gangrena. Bueno, no se si era cristiano o protestante o judío pero así se dice ¿no? Ya se pueden imaginar el susto que me llevé, casi me desmayo de la impresión.

Quiero decirles que uno de los departamentos en los que a mí más me gustaba estar era el quirófano. Ahí el ambiente es otra cosa. Para empezar, el paciente está dormido y no lo ves sufriendo de dolor o con alguna molestia. Además aprendes mucho y te diviertes también por varias cosas:

Como es un lugar con mucha tensión se hace lo posible por eliminarla, se pone música, se cuentan chistes y chismes, los primeros los dice sobre todo el anestesiólogo. Como dice un amigo mío, para ser buen anestesiólogo necesitas tener las tres CH: Chistoso, chismoso y chingón. Excuso decirles que cuando hay una urgencia o una complicación, fuera música, fuera chistes y sólo se quedan con lo chingón para salir de la bronca. Ya cuando todo vuelve a la normalidad seguimos en donde nos quedamos, si es que nos reponemos rápido del susto; si no, la recuperación se hace en el cuarto de médicos en donde se analizan los pormenores de la urgencia. Lo cierto es que se sufre mucho en estas situaciones. La mayoría de las veces los familiares de los pacientes, que se encuentran afuera, ni se enteran. ¿Cómo para qué? Si no va a tener consecuencias ¿para qué les dicen algo? Ya bastante tienen con asimilar que un familiar está pasando por un riesgo, como lo son la operación y las anestesias. Aunque ahora se ha avanzado mucho en ese renglón, tanto los medicamentos como la preparación de los médicos anestesiólogos es cada día de mayor calidad. Lo digo por los que yo conozco. Mis respetos y admiración para ellos.

Aquí quiero hacer notar la importancia de las enfermeras quirúrgicas (las que trabajan en los quirófanos). Ellas son parte muy importante del equipo multidisciplinario que labora en los hospitales. De ellas depende que el médico cuente con todos los elementos necesarios para llevar a cabo su trabajo correctamente. Por otro lado, las enfermeras (de todo tipo) son el personal que más tiempo está en contacto con el paciente ya que el médico llega, revisa al paciente, hace el diagnóstico, elabora el plan a seguir, receta las medicinas pertinentes y se va. Los del personal del laboratorio llegan, toman las muestras y se van. Las dietistas hacen su trabajo y se van. En fin, todo el personal así procede. En contraparte las enfermeras usamos nuestras dotes de psicólogas, mamás y hasta árbitros en los pleitos. Cuántas veces hemos tenido que decirles a los familiares que, para bien del paciente, salgan y se lleven su discusión. También la hacemos de orientadoras y educadoras para la salud cuando los pacientes se van a su casa o se atienden allá. Y somos tanatólogas al orientarlos sobre qué hacer cuando fallece su familiar.

Otro elemento dentro del quirófano son las enfermeras circulantes, este personal es de suma importancia pues de ellas depende todo lo que se va a surtir para el quirófano. Como ya dije antes, ellas no se visten con ropa estéril y entran y salen de ahí para surtir lo que falta. Ellas son las ayudantes de los anestesiólogos, quienes proporcionan las medicinas. A veces cargan las jeringas, hacen los conteos de material usado para cobrarlo después y otra cosa muy importante: realizan el conteo de las gasas y las compresas para evitar que se queden en la cavidad del paciente. Sería muy peligroso pues pueden producir una peritonitis, la cual pondría en riesgo su vida. Algunas veces, con el sentido de observación aguzado por la experiencia, se dan cuenta de los problemas que suceden dentro del quirófano. Antes, cuando no había oxímetro, el pequeño aparatito que mide la saturación de oxígeno, las enfermeras notaban el color de la sangre y ponían en alerta al anestesiólogo y al cirujano para remediarlo de inmediato.

Otra de las cosas que las enfermeras quirúrgicas sufren a veces es el despotismo con que son tratadas por médicos vedetes. Afortunadamente no hay muchos. Aunque no deja de haberlos. Las primeras veces que yo entré a instrumentar había un médico que era un déspota, inclusive con su hijo que era también médico. Al hijo lo trataba con la punta del pie y cuando cometía algún error lo insultaba delante de todos. A mí me tocó ver que cuando le pasabas los instrumentos incorrectos durante la operación, te gritaba y tiraba el instrumento a la cubeta de desechos. Muchas veces terminábamos con el cubrebocas mojado por las lágrimas que nos hacía derramar. Y mira lo que son las cosas, después de algunos años ese mismo doctor enfermó de cáncer y me tocó atenderlo. Fue entonces cuando lo vi llorar como niño chiquito, pedir clemencia por un analgésico y ni modo, había que darle atención, comprensión y cariño como a cualquier paciente y olvidarnos de sus malos tratos. Siempre he creído que en esta vida todo, tanto lo bueno como lo malo, se te devuelve tarde o temprano. Nada nos cuesta dar lo mejor de nosotros a los demás.

LA MUERTE SIEMPRE LLEGA... CUANDO LE DA SU GANA

En alguna ocasión a una señora que era atendida en el IMSS le fue encontrado un tumor. El médico que la veía le dijo que estaba muy mal, no le quedaba mucho tiempo de vida.

La señora, muy triste, se regresó a su rancho y se lo comunicó a su familia. Por un rato siguió atendiéndose en el hospital; sin embargo pasado algún tiempo dejó de ir. Yo me imaginé que habría pensado que si ya iba a morir pronto decidiría que ya no tenía caso ser martirizada más con el tratamiento.

Pasado un año la señora regresó al IMSS. En esa ocasión no le tocó ser atendida por el mismo médico. El doctor que la vio se extrañó, no la encontró tan mal como el colega anterior le había dicho a la señora. Le mandó hacer más exámenes y por fortuna para ella no encontró ningún tumor. Cuando le dio los resultados, ella puso cara de asombro y respondió: "¿Y ahora qué les digo en el rancho doctor?, ¡todos creen que ya me voy a morir y ya tienen todo listo para el velorio!".

La experiencia me enseñó que, además de que todos nos podemos equivocar, yo en lo personal no soy partidaria de los pronósticos que a veces los médicos se atreven a dar. Por lo visto nadie se va en la víspera, la decisión viene de la línea que todos tenemos trazada desde el día que nacemos. No juguemos a ser Dios, hay muchos imponderables y el futuro es tan incierto que es muy probable que nos equivoquemos. Cuántas veces hemos visto personas a quienes les auguran "no pasa de esta noche" y a los pocos días salen del hospital. Y cuantas veces de no tener nada se mueren sin decir ni agua va, incluso algunos saliendo del consultorio del cardiólogo después de haberse hecho un electrocardiograma. ¿No creen?

LA INCONCIENCIA CONCIENTE

A este paciente lo conocí en el departamento de Terapia Intensiva del hospital en donde yo trabajaba. La historia del señor fue que tras ir al panteón a darle sepultura a un buen amigo, no se percató al cruzar unas vías de ferrocarril, se atravesó y el tren arrolló su automóvil. A causa del impacto el vehículo quedo destrozado y debido al traumatismo que sufrió, el conductor quedó en estado de coma.

Cuando estudiaba enfermería los maestros siempre nos recomendaban tener cuidado con lo que decíamos frente a un paciente en coma. Aparentemente no escucha ni ve ni nos puede contestar; pero realmente no sabemos si la persona está asimilando lo que se habla y se comenta enfrente de él. Puede estar captando todo lo que pasa a su alrededor. A lo largo de mi carrera he aprendido que tenían razón. En algunas ocasiones cuando los pacientes tienen la fortuna de regresar a su estado de conciencia normal, platican y cuentan lo que delante de ellos se dijo o se comentó cuando estaban inconscientes. Por esto yo les digo a las enfermeras que tengan oportunidad de capacitar, que cuiden lo que se dice cuando están en presencia de un enfermo inconsciente, eso les puede afectar mucho.

Volviendo al caso del paciente que estaba en coma, yo ponía en práctica lo que me habían enseñado, le platicaba y le decía que si me escuchaba apretara mi mano para saber si me estaba entendiendo. Él siempre lo hacía. Por desgracia ya no recobró el conocimiento y no pude corroborar si de verdad me había entendido; pero estoy segura de que si lo hubiera hecho me habría repetido todo lo que había escuchado en el periodo de su inconsciencia.

Inclusive hay casos de personas que cuentan las experiencias de lo que vieron cuando aparentemente se estaban muriendo. El túnel, la luz y la conversación con personas que ya murieron son elementos muy comunes en estas historias. Siendo sincera yo en un tiempo dudé que estas experiencias fuesen ciertas hasta que una doctora amiga mía, y que merece todos mis respetos no sólo como médico sino como persona, me platicó de lo que le aconteció ante la muerte, fue cuando di el beneficio de la duda.

Enfermeras y médicos: ojo con lo que hacen o dicen delante de sus pacientes inconscientes y con mayor razón enfrente de quienes no están así. Todos merecen nuestro respeto como personas hasta el último minuto de sus vidas y aún después, durante la preparación del cuerpo para su velación y funeral.

EL MOJADO

En una ocasión, al llegar yo a la guardia, me encontré con un grupo de médicos que estaban en la central de enfermeras y analizaban unas radiografías. Opinaban para ver qué diagnóstico daban pues el paciente tenía una mancha en el cerebro. Que si una bala, que si una calcificación, etcétera. Al final el jefe de los médicos les dijo: "No se la fracturen, lo que tiene es un cisticerco enquistado y está en un lugar que no se puede operar, saldría más peligroso que dejarlo ahí. La realidad es que no tiene muy buen pronóstico, ya está prácticamente en fase terminal porque ya tiene muchas estructuras afectadas". Todos estuvieron de acuerdo y decidieron no hacer nada, sólo le darían cuidados paliativos para quitarle el dolor y darle calidad de vida.

La cisticercosis cerebral se debe a la presencia de larvas de lo que comúnmente se conoce como solitaria. Es un padecimiento frecuente en México y su tratamiento puede ser muy complicado dependiendo de la localización del cisticerco en el cerebro. El paciente que había recibido este diagnóstico era un muchacho que se había ido de mojado a Estados Unidos y después de trabajar un tiempo corto y sentirse mal de salud decidió regresarse a su casa. Su mamá no se movía del cuarto excepto para ir a comer y sólo se iba al rancho a dormir. Un día en la mañana me llamó el paciente y me dijo: "señorita, sabe que tengo muchas ganas de fumar, ¿me puede conseguir un cigarro? es que no traigo ninguno porque aquí no me dejan". A mí me dio pena su situación así que le contesté: "no voy a ir por un cigarro si no por dos, uno para ti y otro para mí". Yo pensé que era como el último cigarro del condenado a muerte.

Fui por los cigarros, le puse el seguro a la puerta y comenzamos a fumar y a platicar de sus vicisitudes en los Estados Unidos para sobrevivir en el "sueño americano", que según me dijo era un tiempo de puro sufrir; no compensaba nada el dejar a su familia y su país para conseguir unos dólares. Terminando el cigarro se acabó la plática y al llegar la hora de salida me despedí. Al día siguiente me encontré con que se acababa de morir y estaba en el descanso, el lugar en donde ponían a los muertitos mientras se los llevaban a la funeraria. Sentadita en una banca estaba la mamá esperando a que llegaran del rancho para llevarse a su hijo y enterrarlo en el panteón de allá. Cuando me senté a su lado para darle el pésame me fijé que se veía mucho los pies, en específico unos tenis negros que traía puestos. Ella notó que la miraba y me dijo: "mire, señorita, éste fue el regalo que me trajo mi hijo de gringolandia, ¿no están bonitos?". "Claro que sí, muy bonitos" le dije. Y créanme que me rodó una lágrima. Pensar que con tan poco se conforman algunas personas. Su hijo le había dado esa felicidad.

COMO BOY SCOUT: ¡SIEMPRE ALERTAS!

En una ocasión caminando por el pasillo del hospital oí un ruido que me pareció la respiración comprometida de alguien detrás de mí. Al darme la vuelta vi a una persona en una silla de ruedas, con síntomas de shock y con mucha dificultad para respirar. En ese momento lo atendí y pedí ayuda. De ahí lo llevaron a la unidad de cuidados intensivos. El señor Limón, que así se apellidaba este paciente, había recibido un balazo en el tórax y tenía una perforación al nivel del pulmón. El ruido que yo había escuchado era el escape del aire saliendo del pulmón del paciente. Gracias a que tenemos dos pulmones el paciente recibía el oxígeno requerido para seguir vivo. Estamos tan bien hechos que por algo tenemos dos de algunos de nuestros órganos: Dos ojos, dos oídos, dos ovarios, dos riñones, todos los pares. Por otro lado, esta experiencia sirve para ilustrar la gran importancia que tiene para el personal de enfermería estar siempre pendiente de lo que sucede a nuestro alrededor. En no pocas ocasiones el sentido de alerta puede ser de vital importancia para nuestros pacientes. La siguiente historia tiene una relación muy estrecha con ello.

El señor Limón estuvo cerca de quince días internado y después de ser operado quirúrgicamente, permanecer algunos días con un sello de agua para nivelar las presiones del exterior y de la cavidad pulmonar, salió del hospital sanito. Eso sí, muy asustado. Creo que debe haber hecho las paces con el agresor o de plano no se le acercó mucho para no recibir otro ataque similar. Yo, la verdad, si fuera él, de ahí en adelante le hubiera sacado la vuelta. Más vale llevar la fiesta en paz con las personas de nuestro derredor. La violencia no te lleva a nada más que a sumar complicaciones. ¿No es verdad?

LA ESPERANZA NO SIEMPRE MUERE AL ÚLTIMO

Un día cuando estaba de guardia nocturna, ya para salir, cerca de las siete de la mañana ingresó una señora joven que venía en trabajo de parto. Era primeriza y traía muy poca dilatación. Al salir de mi turno le pregunté su nombre, me despedí de ella y le dije que de seguro nos veríamos por la noche cuando yo regresara a la guardia y que seguramente ya habría tenido su niño. Así quedamos. Por la noche, al recibir el turno y tras pasar visita, la encontré en el departamento de recuperación, tenía media hora de haber dado a luz. Cuando la vi la noté muy pálida y sudorosa y al preguntarle cómo se sentía me dijo que muy débil, me pidió que por favor la revisara porque creía que estaba muy mojada.

Le separé las piernas para ver cómo se había mojado y me di cuenta de que sangraba muchísimo, literalmente estaba en un charco de sangre. Mi primera reacción fue contener la hemorragia con una gasa, pasarla a ella a la sala de expulsión y llamar de inmediato al médico de guardia para que la atendiera mientras llegaba el ginecólogo que la había asistido en el parto. Al instante se prendieron los focos rojos y se le canalizó para empezar a pasarle líquidos de sustitución y hacerle los exámenes de laboratorio. Cuando llegaron los resultados ya se estaba en la transfusión y en efecto estaba anémica. El médico revisó la cavidad y no tenía restos placentarios como pensó en un principio. En ese momento empezó el calvario.

Para no hacerla muy larga, se llegó a la conclusión de que lo sucedido era que en el momento del parto se había infiltrado líquido amniótico hacia el torrente sanguíneo y le había destruido el fibrinógeno, un factor de coagulación muy importante. La paciente nunca tuvo manera de coagular para parar el sangrado consecuencia del parto. Se mandó traer de todos los laboratorios en Torreón todo el fibrinógeno que pudimos, algo así como cinco gramos pero no eran suficientes. Dada la seriedad del caso, se mandó traer desde Saltillo lo que había allá. El turno fue una noche de terror. Me la pasé entrando y saliendo de la sala de expulsión al pasillo para informarle al esposo lo que estaba pasando. Él se daba golpes contra la pared por desesperación e impotencia. Por fortuna tuve el apoyo y compañía de un residente, el Dr. De Alba Bessonier que casualmente era amigo mío; de hecho habíamos hecho la primera comunión juntos cuando teníamos como siete u ocho años. Si mal no recuerdo, en la desesperación hasta rezamos un rosario. Todas nuestras súplicas fueron en vano. No recuerdo cuantos litros de sangre y sueros se le transfundieron, pero a pesar de nuestros esfuerzos Esperanza se murió cerca de las 6 de la mañana.

Esta ha sido una de las más dolorosas experiencias que me ha tocado vivir. La muchacha tenía 21 años y vaya la paradoja, se llamaba así, Esperanza. Pero ahí no termina la historia. Luego de tratar de reponernos todos un ratito, había que bajar el cuerpo de Esperanza al descanso, que como ya dije, es el lugar donde se depositan los cadáveres mientras vienen a recogerlos de la funeraria. Cuando nos preparábamos para meter la camilla al elevador entré yo primero jalando la camilla mientras la enfermera que me estaba ayudando venía empujándola. En ese momento llamaron a mi compañera y justo se cerró la puerta. Me quedé sola con el cuerpo de Esperanza dentro del elevador. Para mi desgracia el elevador se paró entre el primero y el segundo piso y ya no quiso funcionar.

Les aseguro que esos han sido los veinte minutos más largos que he pasado en mi vida. En ese entonces había un jefe de mantenimiento que era una persona muy amable y sabía mucho de arreglo de todo, fue él quien rápidamente llegó al rescate. Por la puerta del primer piso asomó la cabeza y me gritó: "Señorita Garibay, súbase a la camilla y la sacamos por arriba". Ya parecía que me iba a subir al cuerpo de Esperanza para poder saltar de ahí. Claro que no. Acabé sentada en el suelo casi deshidratada por el calor que hacía y, con la angustia que tenía, lo único que me faltaba era soltarme a llorar. Después de esos horribles veinte minutos lograron subir el elevador y abrir la puerta. Se pueden imaginar el cuadro: yo angustiada, sudada, despeinada, sucia del uniforme, deshidratada y con ganas de irme a mi casa. Ese día me reporté enferma para poder reponerme estando en casa. La verdad es que, además del incidente del elevador, la tristeza de ver morir a una muchacha tan joven dejando un niño huérfano me afectó mucho. Al día siguiente fui a ver al niño y créanme: me daban ganas de llorar nomás de saber que su mamá acababa de morir el día anterior. Muchas veces dicen que tanto los médicos como las enfermeras nos hacemos inmunes al dolor, algo que no es cierto; lo que pasa es que debes tener una coraza para protegerte contra estas situaciones de dolor y muerte pues si no ¿cómo le haces para seguir viviendo y practicando estas profesiones? Ni modo, así nos tocó o así lo elegimos.

QUIEN ES OBSERVADOR LLEVA UN MAESTRO CONSIGO

Otro día en el ISSSTE, cuando pasé revista a los cuartos para recibir la guardia, me encontré con un niño que había ingresado para una operación de amigdalectomía (procedimiento para extirpar las anginas). Por casualidad lo iba a operar mi papá. Era el otorrinolaringólogo de ese hospital.

Cuando leí la hoja de ingreso me llamó la atención el que tuviera fiebre. Le llamé a mi papá y me dijo que suspendiéramos la operación del día siguiente, había que canalizarlo con el pediatra. Lo vio el pediatra y resultó que el niño tenía sarampión. Tres días después, como sucede, estaba lleno de todas las marcas propias de la enfermedad. Por desgracia al niño se le complicó el sarampión y a los 10 días se murió de una bronconeumonía.

Qué suerte que no lo operó mi papá porque la operación se habría complicado mucho. Esta es una anécdota más donde se resalta la gran importancia aprender y tener el hábito de observar a los pacientes; hacer el diagnóstico de enfermería para así evitar todas las complicaciones posibles, para bien de los pacientes. Las enfermeras debemos de tener el sentido de la observación siempre agudo para detectar cualquier signo o síntoma que ayude a saber si está sucediendo algo anormal, lo que pueda complicar el tratamiento, el restablecimiento de la salud y el bienestar de nuestros pacientes.

¡FELIZ AÑO NUEVO! (A BALAZOS)

Ya saben que a los "ángeles" de los hospitales, las enfermeras, no nos importa trabajar en fechas especiales. A todas nos ha tocado laborar el día de nuestro cumpleaños, el día de la madre, durante los cumpleaños de nuestros hijos, en navidades e incluso durante fin de año. En esta fecha algunas de las enfermeras estábamos en el comedor disfrutando los tamales y el atole que nos habían llevado para que festejáramos. Cerca de las doce de la noche sonó la alarma de una ambulancia, traía un muchacho joven con un balazo en el abdomen. Por supuesto había que correr para localizar al médico y al anestesiólogo quienes debían estar de guardia pero no fue así. Al cirujano nunca lo encontré pero conseguí a otro médico quien ni siquiera trabajaba ahí. Al explicarle la situación no se negó a venir para efectuar la cirugía. Momentos después llegó el anestesiólogo, todavía de esmoquin, con el moño torcido por un lado y renegando. Pero por lo menos llegó. Los días festivos los hospitales se quedan con el mínimo de personal. Esta vez no fue la excepción, me tocó suplir a la enfermera instrumentista en la operación.

La bala había perforado varias asas del intestino delgado y le tuvo que quitar algunos tramos y el cirujano tuvo que hacerle varias anastomosis intestinales. Este es el procedimiento para unir dos extremos del intestino cuando se retira algún pedazo. La operación duró alrededor de dos horas y media, así que para cuando salí del hospital ya eran las nueve de la mañana, mi hora de salida era a las siete. En nuestra profesión no hay horarios precisos para terminar de trabajar ni para comer ni mucho menos para dormir.

El postoperatorio del paciente fue muy doloroso, terminó con una peritonitis marca llorarás y ningún antibiótico le servía. Y peor es cuando los pacientes empiezan a delirar y a ver a personas que ya murieron, porque normalmente el que sigue es él. El día que murió este muchacho decía que su mamá estaba a los pies de la cama. Ella había muerto tiempo atrás. También veía una paloma que se paraba al pie de la cama y nos pedía que cuidáramos no espantarla. El mismo día que vio la paloma se murió. Recuerdo que fue un 20 de enero. Es una pena que un muchacho en la flor de la edad, con todo un futuro por delante muera; sobre todo de esa manera. Todavía en estos tiempos sigue en algunos lugares la costumbre de tirar balazos al aire con los accidentes como este que les platico. Supongo que nadie aprende en cabeza ajena.

EL MÉDICO DROGADICTO

Y seguimos con las historias del ISSSTE. Este hospital está considerado como de enseñanza al cual vienen doctores de otros lados que están en proceso de hacer alguna especialidad. En ese entonces llegó un médico de algún país de Centro o Sudamérica, no recuerdo exactamente de dónde; pero eso es lo de menos.

Una noche que ingresé al hospital al turno de noche, después de cerciorarme de que estaban en orden todos los pacientes con alguna cirugía al día siguiente, quise entrar al cubículo de anestesiología para anotar la programación de las cirugías en el pizarrón, donde se lleva registro del nombre del paciente, del médico, del anestesiólogo, la hora de la cirugía y el número del quirófano. Para mi sorpresa el cuartito estaba cerrado con llave y no pude entrar. Le llamé a don Pancho, el encargado de mantenimiento, y por más que hizo no pudo abrir la puerta. Ahí en ese departamento se guardaban las máquinas de anestesia y papelería de los anestesiólogos. Cuando estábamos haciendo la lucha para abrir la puerta oímos como si alguien estuviera dormido ahí adentro. Hasta ronquidos se escuchaban. Tocamos la puerta bien fuerte y nadie respondió. Después de estar insistiendo mucho tiempo de repente se abrió la puerta y salió el doctor extranjero. La facha que tenía: ojos llorosos, despeinado, con cara de que se acababa de despertar. Al salir le dije (ilusa de mí, pues esperaba que me contestara la verdad): "¡Ay doctor!, yo creo que se quedó dormido porque no nos contestaba y tenemos tocando mucho rato". No sólo no contestó sino que se fue a su cuarto sin decirnos nada.

Por la mañana fui a darle el parte de lo que estaba pasando al director. Para mi sorpresa me enteré que ese médico era drogadicto. Resulta que se drogaba con el gas de la máquina de anestesia y lo hacía a pesar del riesgo que supone exponerse al gas sin oxigenarse. Si se les pasa la mano se mueren y ni quien se dé cuenta en un cuarto cerrado con llave. El director me dijo, además, que para evitar que sucediera otra vez me iba a dar una llave del cuarto para asegurarme de que estuviera cerrado y pudiera yo abrir cuando lo necesitara. Por supuesto le respondí que no me diera ninguna llave. No me quería exponer a que el drogadicto me quisiera apergollar el cogote con tal de quitarme la llave para conseguir drogase con la máquina de anestesia. Fíjese que no. El director entonces me dijo que si no quería no me la iba a dar; pero que no me preocupara, ese mismo mes se terminaba el tiempo de la pasantía del adicto. Por fortuna sólo permaneció unos días más en el hospital y por supuesto que no me volvió a dar la cara. Al final se fue y no he vuelto a saber nada de él. Quién sabe qué haría después. Habrá batallado para conseguir el gas. Tal vez lo cambió por otra droga. Quién sabe. Qué pena que todo un médico próximo a ejercer su consulta de pacientes resulte un vicioso; es mucho menos comprensible que, sabiendo a lo que se expone, tome la decisión de esclavizarse bajo una droga. Pero como les dije antes, ni criticar ni juzgar, cada quien su vida.

DOS MUJERES, ¿UN CAMINO?

Muchas veces te ves en la disyuntiva de decidir cuestiones que no tienen nada que ver contigo. Cuando se es supervisora de un hospital, sobre todo cuando no hay quien decida, los asuntos pasan a ser tu responsabilidad; en especial lo correspondiente al turno de la noche, cuando eres la máxima autoridad en el hospital.

En aquella ocasión teníamos a un paciente muy grave y cerca de las dos de la mañana falleció. No me acuerdo el padecimiento que tenía; pero aquí no es relevante. El problema fue que a pocas horas de su muerte aparecieron dos señoras alegando ser las esposas. Una decía que legalmente era la esposa "de papeles"; la otra decía que él vivía con ella y que por supuesto era la preferida porque aunque la otra esposa tenía los papeles, él no quería vivir con ella. El caso es que las dos se sentían con derecho de llevarse el cuerpo para velarlo en su casa. La verdad es que uno puede entender la situación semejante al pasaje bíblico donde dos mujeres se peleaban por un niño y el rey Salomón, el encargado de determinar qué hacer, decide que la criatura sea partida en dos. La historia termina con la madre verdadera aceptando que la otra se lo lleve para evitar el asesinato, así el rey descubre quién era realmente la madre.

Aquí el problema resultaba más difícil. Yo no iba a partir al señor en dos si de todos modos eso no resolvería nada. Como aquí nadie daba señales de querer ceder, pues además de querer tener la razón estaban muchos intereses involucrados (como los hijos de ambos lados, la herencia de las propiedades o el dinero que pudiera dejar el señor, incluso el qué dirán las amistades) después de una hora de tratar de convencerlas llegué a la conclusión de que como ya tenían muchos días cuidando al "marido" (porque ahí donde ven se turnaban para asistirlo durante su estancia en el hospital) ya deberían de estar muy cansadas, así que la mejor manera que encontré, por lo menos temporalmente, era que se fueran a su casa y al día siguiente acudieran a una funeraria para velarlo todos juntos incluyendo a los hijos de las dos, o que de plano vinieran con sus abogados para que la situación se decidiera como dicen los políticos "conforme a derecho". Gracias a Dios poco a poco se fueron retirando todos del hospital y el muertito tan codiciado se quedó más frío de lo que estaba, lo pusimos en el correspondiente refrigerador usado para este fin mientras llegaba gente de la funeraria para trasladarlo a las honras fúnebres. El resto de la guardia la pasamos muy en paz ya sin problemas ni pleitos. Por la mañana el director del hospital llegó a un acuerdo con los familiares y les entregó su muertito.

Tiempo después, cuando estudié el Diplomado de Tanatología y sobre todo ahora cuando doy apoyo tanatológico hago hincapié en la necesidad de dejar todo resuelto antes de morir. Existen documentos para este efecto en donde puedes dejar escrito lo que quieres para el día en que mueras, ser tú el que decida lo que hagan respecto a tu atención en fase terminal (en caso de que así suceda); tu entierro y otras disposiciones en general. Pero lo tienes que estipular cuando estás en pleno uso de tus facultades mentales y sin presiones de nadie. Lo mismo va para la repartición de los bienes (el consabido testamento) y así evitar los pleitos entre familiares. He visto como estos problemas dividen y destruyen a las familias y créanme, no vale la pena perderla por cosas materiales. Este tema lo trato más en detalle en otro capítulo.

En el caso de esta historia, ahora que pasó el tiempo pienso que hubiera sido una buena solución haber incinerado al susodicho infiel, repartir las cenizas en dos urnas y que cada familia lo hubiera velado y puesto su mitad en donde hubiera querido. La verdad es que vivía una vida doble. Pero en aquel tiempo no había hornos crematorios en los panteones. En fin, todo pasó ya y esa es sólo otra de mis experiencias.

EL NIÑO VOLADOR

Estando un día yo trabajando en el ISSSTE, durante el turno de la noche ingresó una parturienta, venía a tener a su noveno hijo. Como ya se encontraba en trabajo de parto muy avanzado y viendo su condición de multípara, llamamos al médico interno para que viniera a atenderla. En ese momento eran casi las dos de la mañana. Y como en el teatro: primera, segunda, tercera llamada y que empieza la función a la tercera llamada y el médico interno aún no llegaba. Procedimos las enfermeras y yo a preparar todo. El nacimiento del bebe ya era inminente. Al poco rato ya estaba coronando, es decir, se le veía el pelito en la entrada o más bien en la salida de la mamá. En eso apareció el médico interno, ¡por fin! Ah pero el señor todavía llegó con toda la calma del mundo a lavarse las manos y prepararse para el parto. Yo mirándolo desde la puerta de la sala de partos le dije: "ya no se tarde doctor, el bebé está por nacer". El médico no hizo caso, ni se apuró ni se acongojó. Cuando yo le estaba amarrando la cinta de la bata que se había puesto, la señora parturienta hizo una exclamación, un extenso ay y respiró fuerte. En ese momento yo sólo vi la manita del bebé como diciendo adiós y fue a dar hasta la cubeta que estaba abajo. Por fortuna tenía soluciones y gasas con las que le habíamos lavado el periné a la señora para prepararla para la llegada del bebé. La verdad el golpe no fue muy fuerte. La mamá sólo atinó a preguntar qué había pasado y yo le contesté con toda la calma de que fui capaz: "nada señora, su niño ya nació y está muy bien". Lo bueno fue que el cordón umbilical era larguito y no desprendió de un tirón la placenta, porque eso sí habría sido grave, se habría provocado una hemorragia que sabe Dios cómo le habríamos hecho para detenerla.

Yo para contestarle el saludo y el adiós al bebé, lo jalé de la axila y lo saqué de la cubeta. Pincé y corté el cordón umbilical, agarré al niño y me fui al cunero para revisarlo, no sin antes dirigirle una mirada matadora al doctorcito interno. Al rato regresé a regañar al doctor. Tienen que entender que cuando las enfermeras les hablamos a media noche no es por molestar sino porque en realidad se necesita su presencia. Espero que este susto le haya servido de algo. Después de estar observando toda la noche y corroborar lo que dijo el pediatra, que no le había pasado nada al niño, me fui a descansar a mi casa al terminar el turno.

Al día siguiente lo primero que hice fue ir al cunero a ver al niño "volador". Era, por cierto, un niño especial: nació con un diente. De esas cosas raras que pasan de vez en cuando.

EL PACIENTE DE LOS TOQUES MUY "JUERTES"

En una ocasión llegó al departamento de urgencias un señor que venía de un rancho. De pasada se había venido con toda la familia. El paciente presentaba un dolor precordial (dolor del pecho a la altura del corazón) con sensación inminente de muerte como describen los libros al infarto; al menos así era antes, no sé si lo sigan describiendo igual. El caso es que el señor estaba muy grave. El cardiólogo llegó de inmediato y les dijo que tenía que realizar un electrocardiograma y unos exámenes de laboratorio. Yo ayudé al doctor a poner los electrodos y una vez listo empezó a tomarlo. En eso se presentó un infarto fulminante y el ranchero ahí quedó. El doctor volteó con los familiares y les informó: "El señor acaba de fallecer". A lo que uno de sus hijos respondió: "Oiga, doctor, ¿no le daría muy juerte los toques? Porque él estaba mal, pero no tanto".

La realidad es que siempre nos resistimos a aceptar la muerte de un ser amado y no queremos dejar de verlo. Aquí ya no se pudo hacer nada. Al final se tuvieron que convencer de que su familiar había llegado a su fin y no había nada que se pudiera intentar. Qué difícil es dar este tipo de noticias. Cuando yo era supervisora, sobre todo en el turno de noche en otro hospital, muchas veces me tocó dar ese tipo de información. Créanme, no es nada agradable, es más bien horrible; nunca sabes cómo lo van a tomar los familiares. Algunos resignados, otros con llanto y gritos, otros con violencia y toda una gama diferente de reacciones, pero ni modo, esto también nos toca.

LAS MADRES SON POR NATURALEZA ¿ABNEGADAS?

En una ocasión estando de guardia en el ISSSTE llegó una mujer en trabajo de parto y en franca crisis de histeria. No paraba de gritar y de maldecir al marido porque según ella no quería tener más hijos y por culpa de él se había vuelto a embarazar. Durante varias horas estuvo en ese estado, así que de plano la llevamos a un cuarto aislado para que no nos pusiera igual al resto de las parturientas. Debo decirles que la histeria es contagiosa, sobre todo cuando estás en una situación parecida.

Después de un buen rato en el que no se calmaba pensamos que si le llevábamos al marido y hablaba con él para limar asperezas se podría tranquilizar. Déjenme decirles que la visita del marido la puso peor, seguía en franco descontrol. Así estuvo toda la noche y la dilatación no avanzaba. Finalmente el doctor decidió llevarla a la sala de expulsión para inducirle el parto. La canalizamos y empezó a recibir la oxitocina, la dilatación mejoró muchísimo y por fin llegó el momento de la expulsión.

La señora no dejaba de gritar y además levantaba la cadera brincando una y otra vez. Se retorcía como si estuviera poseída por el demonio. Una de las veces que pasé cerca de ella me agarró del uniforme y me aventó lo más lejos que pudo. Eso fue la gota que derramó el vaso, decidí que ya era hora de poner fin a la situación. Levantando la voz le dije: “Ya estuvo bien, señora, si no quiere cooperar se va ahora mismo del hospital y va a parir, si quiere, en su casa o en otro lado".

Como ya no podía hacer nada medio entró en aparente calma y el doctor aplicando unos fórceps sacó al niño. La mujer se calmó y se quedó calladita. Yo pensando que el coraje ya se le había pasado, me imaginé que si veía al niño se iba a arrepentir de su comportamiento, así que fui, lo limpié, lo arreglé con su ropita, me acerqué con la señora y le dije: "mire, señora, qué bonito su hijo, ya por fin todo pasó". Me sorprendió mucho que ni siquiera lo volteara a ver. Lo único que dijo fue: "chiquillo cabrón, no te quiero".

¿Se imaginan la vida que le esperaba a esa pobre criatura? Y luego dicen que las madres por naturaleza son abnegadas y quieren a sus hijos. Como ven hay de todo en esta vida.

SOY MUY MACHO Y AQUÍ ME RAJO

Una de los problemas que a veces tenemos en la práctica hospitalaria es cuando los pacientes se rehúsan a utilizar el tratamiento indicado. Siempre se debe tomar en cuenta que nunca se puede obligar a nadie a recibir un tratamiento, es más, existe dentro de las reglas de cualquier hospital el concepto de "alta voluntaria". Este es el derecho que tiene el paciente, bajo su responsabilidad, de abandonar el tratamiento y el hospital cuando así lo desee, aunque es responsabilidad del personal médico, entre ellos la enfermera, hacerle ver las consecuencias de la decisión que está tomando. Normalmente después de explicárselos deciden continuar con su tratamiento y prefieren quedarse.

Al estar trabajando en un hospital de la localidad en el puesto de supervisora, me tocó conocer a un paciente que tenía cinco años de estarse dializando. Padecía una insuficiencia renal a consecuencia de una diabetes. El primer nombre del paciente era Alfonso, igual al de mi papá, por eso me identificaba con el señor. Don Alfonso iba al hospital dos veces a la semana a que le hicieran el tratamiento de hemodiálisis. Quiero aclarar que la hemodiálisis no es curativa; pero a los pacientes con insuficiencia renal les da mejor calidad de vida y la oportunidad de vivir unos años más. Sin embargo este procedimiento es muy desgastante para el paciente.

En una ocasión Don Alfonso llegó más deprimido de lo usual y al saludarme me dijo: "Señorita, quiero decirle que ya estoy cansado de todo esto y ya no quiero que me hagan nada". Yo con ganas de animarlo le contesté: "óigame no, Don Alfonso, a rajarse a su tierra". A lo cual respondió: "pues de aquí soy, o sea que ésta es mi tierra y aquí mismo me rajo ¿cómo la ve?".

A pesar de esto logré convencer a Don Alfonso para continuar con el procedimiento y siguió yendo a sus tratamientos. Un mes después llegaron los familiares al hospital para decir que ya no iba a volver, ya no quería que le hicieran nada. Después nos enteramos de que Don Alfonso había fallecido.

Esta fue una de tantas experiencias que me enseñaron que las personas tenemos el derecho a decidir qué queremos o no como tratamiento durante nuestra enfermedad. También tenemos el derecho de decidir sobre qué procedimiento queremos recibir y cómo queremos que nos atiendan en los momentos previos a la muerte. El tratamiento de cualquier enfermo, sobre todo el que se encuentra en fase terminal, debe contar con tres condiciones:

Lo primero y más importante es quitar el dolor. Por fortuna ahora hay una gama muy extensa de analgésicos para lograrlo.

Segundo, darles confort. Esto consiste en tenerlos limpios, en una habitación con temperatura adecuada, con iluminación cómoda. En ocasiones, por comodidad de nosotras las enfermeras o de los mismos familiares dejamos las luces encendidas, como en el departamento de terapia intensiva. Eso provoca que los pacientes pierdan la noción del día o de la noche, presenten alteraciones entre el sueño y la vigilia y como consecuencia de esto pierdan la seguridad acerca de cuantos días llevan en ese estado.

Y tercero, darles mucho amor. Ahí se resume todo.

Yo en lo personal pienso que cuando ya los pacientes están en fase terminal se deben ir a su casa para que vivan en su ambiente, con su cama, sus olores, su baño, su almohada; con la comida a la que están acostumbrados y sin los horarios de la cocina del hospital. También siempre he abogado porque no se les niegue nada de sus antojos de comida. Yo les aseguro, y no porque lo esté inventado sino porque me ha tocado vivirlo con muchos pacientes, que cuando llega el platillo a su mesa sólo lo prueban y ya no comen más. Nada nos cuesta darles un gusto que tal vez sea el último.

Recuerdo en una ocasión a un paciente que estaba en fase terminal y al que sus familiares se llevaron a su casa, porque además ahí se quería morir. Sus hijos y sus nietos le hicieron un mural del tamaño de la pared que estaba frente a su cama, incluía una fotografía de todos ellos que se habían tomado en una reunión familiar reciente. De esta manera él podía identificar a cada uno de ellos y recordar muchas anécdotas que le eran amenas. Con esto quiero decir que siempre podemos encontrar la manera de hacerles agradable a nuestros familiares sus últimos momentos, porque nosotros, como sus familiares, sabemos más que nadie que les hace sentir bien.

4

LA CENTRAL DE ENFERMERAS

Después de varios años de experiencia en los hospitales de Torreón, mi amiga Mercedes Martínez y yo pensamos que había una oportunidad de trabajo que nadie había explotado: fundar una Central de Enfermeras para dar atención especial a pacientes que requerían de cuidados constantes de enfermería, ya fuera en su casa o inclusive en los hospitales. En no pocas ocasiones los familiares de los pacientes o ellos mismos prefieren contratar los servicios de una enfermera, aun cuando se encuentren en un hospital privado, ya que en el mejor de los casos las enfermeras tienen a su cargo cuatro o cinco pacientes e incluso más. Los enfermos se sienten más cómodos o mejor atendidos con una enfermera dedicada a ellos exclusivamente.

Así fue como se inició la primera Central de Enfermeras de que yo tenga conocimiento en la ciudad de Torreón en el año de 1966. Pusimos una pequeña oficina en la avenida Morelos y contratamos un pequeño grupo de enfermeras que empezamos a enviar para cuidar pacientes "especiales". Estos pacientes son personas quienes requieren de una enfermera que los cuide constantemente de día o de noche, ya que por su estado de gravedad necesitan la atención. Las enfermeras especiales conviven con ellos en su entorno y participan de muchas cosas de lo que ahí sucede. Y es que en la intimidad de su ambiente los pacientes, y a veces los mismos familiares, se desahogan y confían sus dolores físicos y emocionales desbordados cuando se siente cerca la muerte, o simplemente la vulnerabilidad física los hace estar con los sentimientos a flor de piel. En tales circunstancias la gente muchas veces requiere de alguien de confianza para poder platicar, inclusive aspectos de su vida personal que en otras circunstancias no se atreverían a contar. En esa central y en la que tengo en la actualidad hemos vivido muchas historias.

Nuestras enfermeras, cuando permanecen por tiempo prolongado con un paciente, pasan a ser parte importante de la familia. Yo les digo que se convierten en parientes emocionales para toda la vida. Nunca se le olvida a la gente que compartimos sus dolores, los ratos felices e inclusive la muerte de algún familiar. En algunas ocasiones nos encontramos con las personas tiempo después y nos sorprenden con comentarios como "¿se acuerda cuando estuve enfermo; cuando me operaron; cuando murió mi papá?". A veces uno en ese momento no tiene idea acerca de quién te están hablando, ya sea porque pasó hace mucho tiempo o porque no es lo mismo ver a una persona recuperada, maquillada, peinada y sin camisón o pijama. En las primeras ocasiones que me sucedía esto les sacaba plática para poder ubicar a la persona de quien me estaban hablando. Después llegue a la conclusión de que es más fácil de plano preguntar cuándo, en qué hospital o de qué paciente se habla. De verdad me ha dado mejor resultado.

Ahí, en la central de enfermeras, Meche y yo vivimos muchas alegrías, tristezas, sustos y sobre todo aprendimos muchas cosas. Desde aprender a defendernos de hombres que buscaban "otras cosas", a ser las confidentes de nuestros pacientes, e incluso acudir a canalizar en otros hospitales cuando ya no los atendíamos, sólo porque ellos se sentían más cómodos cuando lo hacíamos nosotras. En todo caso creo que fueron experiencias muy enriquecedoras.

Después de un tiempo me casé y Meche continuó trabajando en la central, pero más tarde ella también la dejó. Para que la central no quedara a la deriva decidimos pasársela a la madre Magdalena. Ella la manejó una temporada y luego la dejó en manos de Ema Pérez, otra enfermera egresada de la misma escuela del Sanatorio Español. Después de algunos años yo la retomé y a la fecha sigo trabajando en esto.

Ahora tenemos más o menos cuarenta enfermeras para dar atención a pacientes en casas y hospitales. Me darán la razón de que en general el personal médico, y me refiero a médicos y enfermeras, no tenemos ni la mínima idea de cómo administrar los dineros y menos de cómo pagar impuestos, seguro social, vacaciones, etcétera. Todo lo que implica la administración de cualquier negocio. Gracias a Dios después de vivir varios años fuera de la ciudad se regresó a vivir a Torreón la hija que más quiero (solo tengo una ¿será por eso?), y como ella es licenciada en administración ahora trabaja conmigo apoyándome en todas esas labores. De hecho yo ya no manejo ningún trabajo de escritorio y me dedico a realizar las cosas técnicas.

Aprovecho para dar mi reconocimiento a todas las enfermeras que trabajan o han trabajado en nuestra central. La verdad sólo conocemos el trabajo, la dedicación y el esfuerzo que implica realizarlo quienes hemos hecho guardias de doce horas (a veces de veinticuatro cuando nos toca doblar el turno por alguna circunstancia) quienes hemos compartido las angustias del paciente cuando se pone mal, cuando a veces el médico no aparece; quienes padecimos el temor de que se nos muera mientras estamos solas con él aunque estén sus familiares, y tengamos que dar todos los cuidados post mortem, además de dar consuelo a los allegados; quienes hemos pasado por lo aburrido de una guardia cuando no tienes mucho que hacer y las doce horas te parecen interminables. Pero así es nuestra profesión y así lo decidimos cuando quisimos estudiar para ser enfermeras. Todas ellas me merecen mi respeto y admiración.

AITA

El primer paciente que tuvimos en la central de enfermeras fue uno que tenía una úlcera gástrica, le sangraba porque no se cuidaba, ni en lo que comía ni en las medicinas que se tenía que tomar. Además vivía en un rancho situado por el rumbo de la ciudad de San Pedro. Los familiares optaron por llevarlo al Sanatorio Español y lo internaban durante días y semanas hasta que estaba bien. Meche lo cuidaba de noche y yo de día. Era una delicia cuidarlo de día porque en realidad en poco tiempo mejoraba, ya estando bien se quería ir a la calle, entonces yo lo llevaba al Campestre, a Lerdo a la nieve, al cine o simplemente a dar la vuelta.

En una ocasión, por el cariño que me tenía y la confianza que me tomó, me dijo que por qué no me casaba con él, así lo podía cuidar mejor. Yo, que tenía poco más de 20 años y era soltera, le dije: "¿Y qué vamos a hacer Aita (Así le decía su familia, según me dijeron es la abreviación de aitatxo, papá en vasco) yo no sé nada de eso del matrimonio y a usted ya se le olvidó". Él tenía en ese entonces ochenta y siete años. Me contestó: "Tienes razón. Pero te voy a traer a alguno de mis nietos para que los conozcas y así quedas en mi familia". Así lo acordábamos supuestamente. Después de unos días, cuando se recuperaba, se iba a San Pedro a su rancho.

Cuando yo ya me iba a casar de verdad, al estar buscando los muebles para mi casa me ofrecieron un comedor inglés muy bonito. Yo no tenía con qué comprarlo, costaba cuatro mil pesos. Era para mí muchísimo dinero, estamos hablando de 1967. Así que se me ocurrió pedirle prestado el dinero a Aita, todavía lo estaba cuidando. Y cuál fue mi sorpresa que me dio un rotundo no. Bueno pues ni modo, pensé, y ahí viene la lección. Después de negarme el préstamo me dijo: "No te lo voy a prestar porque te quiero mucho. Y como te quiero mucho mejor te lo voy a regalar, porque si te lo presto a lo mejor no me vas a pagar cuando pactemos y te me vas a andar escondiendo por la pena de no poder pagar, a mí me va a dar mucho coraje y hasta la amistad vamos a perder, cosa que no quisiera porque como te dije antes te quiero mucho. Además me quitas un problema de encima, no sabía qué te podría gustar de regalo así que ahí está el cheque y todos tan contentos".

De él aprendí que si quieres a alguien y te pide prestado, es mejor, si puedes, regalárselo y si no, mejor, con toda la pena, no les prestes nada, claro, si quieres conservar la amistad.

LA CORAZA TAN NECESARIA

El segundo paciente que tuvimos Meche y yo en la Central de Enfermeras recién fundada fue un pobre hombre que se había quemado prendiendo un boiler. Éste estaba en un sótano y gracias a Dios se le ocurrió dejar a su niño, de dos años de edad, en la entrada del sótano; gracias a esto no se quemó la criatura de lo contrario habría sido más triste esta historia.

Cuando nos avisaron que fuéramos a hacernos cargo de este paciente no dábamos crédito del estado en el que se encontraba. Los brazos estaban por completo calcinados; se le veían las venas como hilos negros pegados a la piel. La cara era una ampolla junto con los muslos, las rodillas, el pecho y hasta una parte de la espalda, casi todo. La intensidad de las quemaduras era de segundo y tercer grado. Por supuesto su pronóstico era muy malo. El calvario duró más o menos veinte días. Entraba al quirófano a cada rato para que le hicieran los lavados quirúrgicos, le retiraran el tejido muerto junto con el material purulento y así evitar que la infección se le generalizara. Ahí fuimos testigos de la desesperación y el dolor de un muchacho joven en plena vida productiva, con planes de tener una familia feliz. De repente todas esas ilusiones se vieron truncadas por un descuido que finalmente le costó la vida.

Obviamente el estado emocional del paciente era muy malo. Nos mentaba la madre a cada rato a las enfermeras, a los médicos y a cuanta persona se le atravesaba. Nosotros hacíamos como si nada dijera, entendíamos que no era nada personal, obedecía más bien a su frustración y al dolor que sentía.

Una de las situaciones más dolorosas a la que se puede enfrentar una persona es al malestar de una quemadura. Es en este tipo de circunstancias cuando una como enfermera debe hacer el mayor esfuerzo, no sólo para hacer el trabajo de limpieza y aplicar los tratamientos requeridos por el paciente, sino también para ponerse la coraza que nos ayuda a los médicos y a las enfermeras para sobrellevar estos trances tan difíciles con nuestros pacientes. Nosotras de sobra sabemos el dolor por el que están pasando y queramos o no, nos afectan muchísimo.

UN FINAL FELIZ

El señor era comerciante y tenía una familia numerosa. Además de ser muy trabajador, junto con su esposa formaba un matrimonio muy bien avenido. A mí me llamaron para contratar a una enfermera especial, para que lo cuidara por las noches. Cuando lo vi me impactó el estado de gravedad en que se encontraba, además de su enfermedad tenía cerca de 95 años.

Todos sus familiares estaban convencidos de que el final estaba muy cerca. El señor Sicsik insistía en irse a morir a su casa pero los médicos aseguraban que si se lo llevaban se les iba a morir en el camino.

"Bueno, ¿y?" les dije. Además quiero comentarles que él vivía muy cerca del hospital, a media cuadra. El pobre paciente estaba conectado a un ventilador que le ayudaba a respirar, a los sueros y la alimentación se le pasaba por una sonda gástrica. Además tenía conectados otros aparatos más.

Finalmente los hijos decidieron llevárselo y trasladarlo con todo y los aparatos que se pudieran. Se planeó para el día siguiente y así se hizo. Nunca se me va a olvidar la cara que puso cuando entró a su casa y vio que lo esperaba su esposa quien también estaba enferma. No la había visto en muchos días. La sonrisa que dibujó en su cara hizo que valieran la pena todos los esfuerzos empleados para llevarlo a su casa. La satisfacción que nos quedó a todos no la puedo describir. El señor Sicsik murió después de dos semanas y lo hizo en su ambiente, rodeado de su familia y del cariño de todos los suyos. ¿Qué más podemos pedir para un final feliz?

Por desgracia a veces se anteponen a los intereses del paciente los intereses personales del médico o de los hospitales; también en ocasiones los de los familiares, quienes muchas veces no lo atendieron con anterioridad. Cuando ya se está muriendo le quieren dar en unos días lo que no le dieron en muchos años. Este no fue el caso. Sus hijos se desvivían en cariño y atenciones y al final se fue el señor en santa paz rodeado del amor de su esposa y de sus hijos. Como debe ser.

LOS APARECIDOS QUE NOS ACOMPAÑAN

Durante una de mis primeras guardias tuve oportunidad de cuidar a Don Ángel Fernández. Él era un español que había venido a La Laguna desde hacía muchos años y tenía ranchos en donde acumuló un patrimonio de gran categoría. Tenía fama de ser un caballero y un buen patrón con sus empleados.

Cuando llegué a cuidarlo durante el turno de noche de inmediato platicamos. Él sabía que mi abuelo materno era de la región de Asturias, provincia cercana al lugar de donde él era originario. En una de las guardias me comentó que su familia estaba allá, es decir sus papás y hermanos entre otros, y que iban a venir a verlo. Yo sabía que esto no podía ser porque él era en ese entonces una persona de más de ochenta años. Fue la primera vez que me di cuenta de que las personas próximas a morir, unos días u horas antes de hacerlo "ven" o "escuchan" a sus seres queridos muertos y que, según dice Elizabeth Kubler Ross, nunca nos morimos solos. Según sus teorías alguien viene a este mundo para acompañarnos a dar el paso definitivo a la otra vida.

Don Ángel me decía por las noches que había venido su mamá o los parientes que ya habían muerto hace tiempo; sin embargo en aquel tiempo yo desconocía las teorías de la Dra. Kubler y pensé que estaba delirando debido a la falta de oxígeno cerebral. Con el paso de los años me di cuenta de que era una coincidencia en muchos de mis pacientes ya fallecidos, con quienes había tenido la oportunidad de acompañar en el proceso.

Ahí con Don Ángel me tocó pasar la navidad. Él por supuesto ya ni se enteraba del día ni de la hora en los que estaba viviendo. Después de dos o tres días de haber recibido esas "visitas" falleció en santa paz. Sólo dejó de respirar y se fue. Bendita muerte sin sufrir agonías dolorosas. Eso y más se merecía por ser un hombre en toda la extensión de la palabra. Fue un hombre honesto, recto, humano y más, una gran persona. Le hacía honor a su nombre: Ángel.

UN FUNERAL INOPORTUNO

La señora Anita Ávila era una persona encantadora. Era mamá de una compañera de Cristy, mi hermana. Era también amiga de mi mamá y su esposo de mi papá. La señora Anita tenía una afección cardíaca crónica y viajaba seguido a Estados Unidos para atenderse. Aquí en Torreón la veía el Dr. Enrique Sada Quiroga, también amigo de mi papá y compañero del grupo Centro Médico.

Un día me llamó el esposo para decirme que el Dr. Sada le había recetado una unidad de sangre, que por favor se la fuera a poner en su casa. Yo llegué desde media mañana, la canalicé y se la empecé a pasar muy despacito para evitar cualquier reacción adversa. Me invitaron a comer y por la tarde seguíamos en las mismas, la sangre estaba pasando muy lentamente. Todo el tiempo nos lo pasamos platicando y viendo la televisión. Por la tarde la señora empezó a tener un poco de fiebre y a sentir náuseas. Viendo esto lo primero que hice fue cerrarle el paso a la transfusión y llamar al Dr. Sada.

Como una coincidencia un día antes habían matado (cuando todavía no se desataba la ola de crímenes) a dos policías que eran custodios de una persona que vivía en Torreón Jardín y ese día era el entierro de uno de ellos. El Dr. Sada salió de su casa y en el camino se topó con el cortejo fúnebre, éste le impidió pasar rápido para llegar a la casa de la señora Anita. Entonces la señora presentó un paro cardio-respiratorio, yo inicié con las maniobras de RCP. Para ello la bajamos al suelo al nivel de la cama, porque no teníamos en la casa un carro rojo (utilizado en los hospitales para aplicar estas maniobras) ni siquiera una placa de resistencia para darle masaje cardiaco. De inmediato le inyecté una ámpula con un antihistamínico que traía en mi maletín, pero le hizo lo que el viento a Juárez (no sé cuál es el significado de este dicho, pero por supuesto no le sirvió de nada).

Don Ramón, el esposo y yo nos turnábamos para dar el masaje y la respiración de boca a boca pero nada de lo que hicimos dio resultado. ¡Y el Dr. Sada que no llegaba! Yo le decía a don Ramón que no tenía caso hacerle más, pero el insistió en seguir hasta que llegara el doctor. Cuando por fin llegó, se arrodilló en el suelo y con el estetoscopio la auscultó, volteó hacia Don Ramón y dijo la frase que nunca queremos decir: "ya no hay nada que hacer, la señora ya murió". A Don Ramón no le gusto la frase, su primera reacción (perfectamente entendible) fue golpearlo con el dorso de la mano en el pecho mientras le decía "¡no me digas eso, Enrique, haz algo!", el doctor Sada sólo negó con la cabeza.

Yo creo que don Ramón estaba esperando que llegara el doctor y con una varita mágica la compusiera y la reviviera. Por desgracia la señora Anita falleció a una edad muy temprana, aún no cumplía los 60 años. Todavía tenía muchas cosas por hacer. Aquí está de nuevo: la vida y la muerte no se basan en complacencias, ni nos morimos como dan los créditos en el teatro: en orden de aparición. Se podrán imaginar la pena para sus hijos cuando fueron llegando uno por uno al enterarse de la noticia.

Yo no daba crédito a lo que estaba pasando y mi mamá, a quien ya se le hacía mucho tiempo mi tardanza porque no había llegado a comer ni a cenar, llamó en el instante preciso cuando el doctor estaba explicando a los familiares lo que había pasado. Yo contesté el teléfono para no interrumpir al doctor y mi mamá empezó con el interrogatorio: "¿Por qué no te has venido?". "Es que la señora Ávila se acaba de morir, mamá", "¿cuál, la señora Ávila o su mamá?". De cuajo le contesté: "al rato te explico mamá ¡adiós!".

La cosa ahí no para. Cuando una persona muere bajo nuestro cuidado sigue una parte muy difícil que también nos toca a las enfermeras, consiste en dar apoyo tanatológico a la familia y ayudarle con los preparativos. Debemos arreglar a la persona, vestirla (a veces ayudar a escoger el vestido) y envolverla en una sábana para dejarla lista cuando vengan de la funeraria por ella. Es en estos primeros momentos de la muerte de un ser querido cuando podemos ser de gran apoyo a los familiares, no sólo con lo que hay que hacer sino también con lo que les decimos. Ya ni me quiero acordar, realmente le tenía cariño a la señora Anita. Lo que me quedó clarísimo fue que nunca volvería a poner una transfusión sanguínea en casa de nadie.

Viene a colación explicar el nombre de la maniobra RCP. Muchas personas dicen, inclusive médicos y enfermeras, que significa resucitación cardio-pulmonar. Pues les tengo noticias, a nadie se le resucita, cuando alguien ya se murió se acabó todo. RCP significa reanimación cardio-pulmonar. Se realiza precisamente para reanimar el corazón y hacer que vuelva a realizar sus funciones, porque repito, a nadie se le resucita. Que quede claro: el tiempo inmediato tras el paro cardio-pulmonar nos da la oportunidad de reanimar a la persona; pero ojo, no por mucho tiempo ya que se corre el riesgo de que el paciente quede con muerte cerebral y entonces no sé qué es peor, si el remedio o la enfermedad. Sean honestos y fíjense bien lo que hacen cuando se reanima a una persona con paro, pues ni las enfermeras ni los médicos somos dioses para reanimar a una persona en estas condiciones después de que pasó cierto tiempo.

MI ENTRENAMIENTO EN ONCOLOGÍA

El señor Zertuche era todo un caballero. También era amigo de mis papás y aunque no se visitaban mucho sí se veían con mucha simpatía. Mi papá era el médico de mucha gente y entre ella estaba la familia de Don Fernando Zertuche.

Don Fernando se enfermó de cáncer. Él era un alto ejecutivo de una empresa muy importante. Una de las prestaciones era hacer uso de los aviones de la empresa para trasladarse a Estados Unidos para ser atendido allá. A mí me contrataban para acompañarlo, normalmente a San Antonio, ahí lo esperaba un helicóptero que se lo llevaba hasta Houston. El señor Zertuche se encariñó mucho conmigo y me enternecía cuando lo dejaba. Al subir al helicóptero siempre me decía: "Licha, véngase conmigo". Yo le tenía que decir que no cabía, pues no lo podía acompañar, y le contestaba que ahí lo esperaba para seguir con su tratamiento. Después me venía de regreso en el avión de la compañía yo sola con los pilotos como si fuera la dueña del avión.

En aquel entonces las quimioterapias se las aplicaban sólo a los pacientes que se iban para Estados Unidos. Así que cuando el Sr. Zertuche llegaba se traía las medicinas de la quimioterapia y yo recibía las instrucciones de cómo aplicárselas. El médico que lo atendía, quien era el enlace con el hospital de allá, era el Dr. Guillermo Siller, hijo del doctor Jorge Siller, aquel amigo íntimo de mi papá. Guillermo era además el médico de cabecera de mi familia entera, así como de muchas familias en Torreón. (Por cierto, ¡qué lata le damos! Le llamamos para pedirle opinión de todo. O sea que en Dios creemos pero confiamos en lo que nos responde Billy, como cariñosamente le decimos. Pues ni modo, hicimos una rifa y te tocó a ti, Billy, lo siento).

En uno de los viajes me dijo Don Fernando que me fuera para allá, a Houston. Ya había hablado él con la jefa de enfermeras del MD Anderson Cancer Center y, si yo quería, me podía ir para recibir una capacitación allá. Yo aproveché y me fui una temporada que me enriqueció muchísimo. La jefa de enfermeras era nacida en Guadalajara, se había casado con un médico norteamericano así que se hizo residente de ese país. Todos los días me iba a un departamento diferente dentro del hospital para recorrer todos los sitios y aprender por encimita lo que se hacía allá. En tan poco tiempo no podía aprender todo a fondo. Había por ejemplo un departamento para ver videos de las diferentes localizaciones del cáncer, sus tratamientos y sus pronósticos; otro departamento era la farmacia en donde se preparaban las dosis de los medicamentos para administrar a los pacientes. Me pareció muy interesante y económico para ellos, no te cobraban todo el frasco, sólo lo que le darían al enfermo. Otro de los departamentos que me impactó fue al que le dicen la burbuja. Es un departamento que está en el último piso del hospital y tiene forma de octágono con un pasillo externo, en el centro está todo el personal para atender a los pacientes. Para ingresar ahí los médicos y los enfermeros se cambian de ropa y se hacen lavado quirúrgico como si fueran a entrar a una sala de operaciones. La atención que se les presta a los pacientes se hace con un sistema semejante a una incubadora con orificios, por ahí se meten los medicamentos y se da la atención. Todo lo que entra al círculo interno debe de estar esterilizado, incluso los periódicos, las revistas y los juguetes que les prestan a los niños para entretenerlos. El objeto es aislar a los pacientes con bajas defensas, alejarlos del peligro de contagiarse con alguna infección. Paradójicamente no mueren directamente por el cáncer sino por las infecciones provocadas por la baja de defensas.

Hay unas ventanas en el pasillo exterior y los pacientes tienen adentro el control de las cortinas para ver o no hacia el exterior, y hay un teléfono para poder hablar con las personas que van de visita. Inclusive afuera hay una mesita y dos sillas para sentarte a platicar con el paciente. En uno de los cubículos había una señora y cuando pasé por ahí estaba dormida. En la mesa de afuera había un papel que decía algo así como:

"Visitante: si pasas por aquí detente un momento y dile a la paciente que está adentro que en su casa la extrañamos mucho, quisiéramos que ya estuviera con nosotros pero entendemos que tiene que estar aquí para aliviarse. La queremos mucho y estamos cuidando todas sus cosas para que las encuentre en orden cuando regrese". Casi me agacho para que en caso de que despertara la señora no me viera. Ya estaba con la lágrima tintileando.

Después del entrenamiento regresé sintiéndome un poco más segura para aplicar las quimioterapias, eso se lo debo al señor Zertuche. Después de un tiempo ya no viajó a Estados Unidos para tratarse, poco a poco se fue deteriorando hasta que finalmente murió en su casa. Fue una bellísima persona. Lo recuerdo con mucho cariño.

ENTRE NUERAS TE VEAS

Después de que me separé de mi marido yo tenía mucha necesidad de trabajar y retomé mi central de enfermeras. Hacía tiempo que la había dejado y empecé a trabajar con una muchacha muy buena persona, además muy profesional. Ella se llama Lety Guerrero y tristemente para mí se fue a vivir a Estados Unidos. Todavía la extraño, y aunque nos hemos comunicado muy poco desde entonces, quiero pensar y en verdad creo que ella tiene un buen recuerdo mío y me quiere un poquito.

El primer cliente que tuvimos fue una señora, quien estaba muy malita. La cuidábamos en su domicilio Lety de día y yo de noche. Ahí nos tocó vivir de cerca los problemas de familia presentes algunas veces. Para colmo la señora no tenía hijas y la competencia entre las nueras estaba del cocol. Quiero pensar que todas, las tres, debido al cariño que le tenían querían atenderla lo mejor posible; pero hubo ocasiones cuando teníamos que poner orden, las nueras se ponían a discutir enfrente del cuarto donde estaba la señora y teníamos que solicitarles por favor salir a discutir al jardín, donde ella no las escuchara. Pasando unos días, cuando ya se agravó su salud, se la llevaron al sanatorio en contra de su voluntad. Ella me decía que se quería morir en su casa.

En fin, nunca le hicieron caso y cuando empezó a sangrar por el tubo digestivo le ponían sangre un día sí y otro también, una medida que yo en lo personal no hubiera querido en mí. Ella tampoco lo aprobaba; pero ahí ya no le preguntaban nada de lo que ella quería. Por eso ¡ojo!, hay que dejar todo este tipo de cosas por escrito y hacerlo cuando aún estás sano. Como ya comenté con anterioridad, por suerte ya existe un testamento de vida. Este documento contiene las últimas indicaciones sobre cómo quieres que te atiendan cuando estés en fase terminal o estés inconsciente y no puedas dar instrucciones. Al final del libro pueden encontrar una muestra todos aquellos que se interesen en elaborarlo. Créanme, se van a evitar muchos problemas y sentimientos de culpa e indecisión a la hora de verse en esta situación, cuando tengan que tomar este tipo de decisiones.

Tristemente esta señora no murió como ella quería. Contrario a su voluntad lo hizo en un hospital. A veces así es la vida; pero no debería de ser, en nuestras manos está el poner una solución. Al dejar por escrito nuestra voluntad evitamos que nuestra familia se vea en situaciones con decisiones difíciles, inclusive contribuimos a impedir que se separen o tengan resentimientos entre ellos.

GENIO Y FIGURA HASTA LA SEPULTURA

Dicen que las personas nunca cambian a menos de que en realidad quieran hacerlo. Pero la libido siempre está presente y más cuando toda su vida la han traído a flor de piel. Este paciente había trabajado en una tienda de regalos que estaba situada en el centro de la ciudad. Como la tienda no tenía mucho éxito el señor se sentaba en una silla en la puerta para controlar la entrada y salida de los clientes probables y desde ahí les echaba flores a todas las muchachas que pasaban enfrente del negocio. Yo lo conocí y su fama de "rabo verde" era pública y notoria.

Con el tiempo el corazón de este señor se cansó y le dio un infarto. Ya cuando había salido del hospital requirió de enfermeras para cuidarlo en su casa de día y de noche. Con el tiempo, a los días de estarlo cuidando, las enfermeras se empezaron a quejar de la falta de respeto que él tenía hacia ellas. No perdía oportunidad de echarles flores y tratar de tocarlas en las bubis o en las pompis. Además cuando les pedía el "pato" para orinar quería que se lo pusieran bien puesto y aunque las enfermeras le decían que estaba enfermo del corazón y que las manos las podía usar para todo, él insistía en que no podía hacer algunas cosas. Ante la inquietud que tenían las enfermeras (inclusive ya no querían ir a atenderlo) me vi obligada a hablar con él. Cuando llegué a verlo, después de que me dijo dos o tres piropos, le informé que ya le iba a quitar a las enfermeras porque yo creía que ya no las necesitaba, lo que él requería era otro tipo de muchachas. También le dije que aunque nosotros en la Central de Enfermeras no teníamos de ésas, si sabíamos en donde conseguirle las que él pretendía, con una diferencia: ese tipo de personal le iba a cobrar más que nosotras y nada más por un ratito. Me contestó muy azorado que tal vez se había dado un malentendido, y ya se iba a portar bien. Por fortuna así fue y santo remedio. No volvió a faltarles el respeto a las enfermeras. Yo más bien creo que fue debido al miedo de que les dijéramos a sus hijos lo que estaba pasando o porque realmente no se quería quedar sin quien lo atendiera. El caso es que ya no tuvimos más problemas.

Pasaron algunos días y ya no requirió de enfermeras y retiramos el servicio. Después de dos años nos enteramos que murió. Tal vez el corazón ahora sí se cansó de verdad. Lo que resulta cierto es que, independientemente del trabajo que realicemos, todos merecemos respeto.

Siguiendo con los "ojo alegre" tuvimos otro paciente de esos que se sienten conquistadores. Si así fueron toda su vida la verdad es que no van a cambiar aunque se estén muriendo. Las personas son como son hasta que se mueren. Sin embargo resultó que a este pobre hombre le tocó que lo cuidara una enfermera quien había estudiado en la escuela militar. Ella era como un sargento de verdad. Cuando el paciente se quería propasar lo único que le faltaba era decirle "firmes ya" y casi mandarlo al paredón. El hombre tuvo suficiente tras el primer altercado para saber quién era la que mandaba. Ya no hubo necesidad de decirle nada más ni de ir a visitarlo para sugerirle otro tipo de muchachas, éste si aprendió luego lueguito con la enfermera militar. Lo dejó quietecito quietecito.

LA RELACIÓN ENFERMERA-PACIENTE

En 2007 tuve la oportunidad de viajar a Estados Unidos para cuidar a un bebé. Después les platicaré; fue una excelente oportunidad de trabajo. Cuando no estoy en Torreón por motivos de trabajo o vacaciones, Lisy mi hija, quien desde hace varios años dirige la parte administrativa de la Central de Enfermeras y no por nada es muy inteligente, se hace cargo de todo. El constante contacto con las enfermeras y los pacientes le ha dado la oportunidad de aprender muchas cosas de enfermería, incluso se han dado ocasiones en que llaman los enfermeros para hacer una consulta o preguntan cómo resolver algún problema con el paciente que están cuidando. Después de escucharlos, por teléfono les pregunta: "¿Ya hiciste esto?". Si la enfermera no lo ha hecho entonces Lisy responde: "Hazlo y me llamas después". Por lo general no llaman de nuevo.

Una de las cosas que siempre he defendido en la práctica de mi profesión es que si no tienes sentido común no tienes una de las cualidades más importantes e indispensables. Por ejemplo, si el paciente tiene varios síntomas al mismo tiempo, tu sentido común te debe decir que el más urgente es el que debes de tratar de solucionar.

Bueno ahora sí entramos en materia. Como les decía, estando yo en Estados Unidos trabajando, una noche llamó una persona para ver si alguien podía ir a inyectar a su hermano que tenía un dolor muy fuerte. Como ya era noche, Lisy ya no pidió apoyo a alguna de las enfermeras y se fue a inyectarlo ella misma. Mi hija es muy buena inyectando, ya que hace tiempo le enseñé. Poco tiempo después de aprender tuvo que inyectar a uno de sus hermanos, le fue tan bien que ahí agarró confianza. La verdad lo hace muy bien.

Como ya era hora de estar en casa se fue vestida con un overol y su pelo lo acomodó en cola de caballo, así que cuando llegó a la casa del paciente éste al verla le pregunto: "¿Tu me vas a inyectar?", "Si ¿por qué?" fue la respuesta. "Pues porque estás muy chiquilla". Supongo que la vestimenta no le dio ninguna confianza a Héctor (el paciente) además la hacía verse más chica.

"Bueno pues si no quieres me voy". Fue la respuesta de Lisy. Así se defiende ¿cómo la ven? Claro que el dolor le hizo correr el riesgo a Héctor y no tuvo otro remedio más que aceptar. Al final quedó tan complacido que ya no se dejó inyectar por nadie más. Unos días más tarde, después de haber llegado del viaje en el que me encontraba, le recetaron a ese mismo paciente un suero. Como eso no lo sabe hacer Lisy tuve que ir yo. En cuanto entré al cuarto Héctor me pregunto: "¿y Lisy?". "No puede venir porque está ocupada; pero si no quieres me voy". De tal palo tal astilla ¿no? Claro que quiso que se lo pusiera. Fue entonces cuando nos enteramos de que Héctor tenía cáncer primario en la próstata y ya tenía metástasis en los huesos. Su enfermedad fue progresando como se suponía que lo haría y nosotras seguimos yendo a inyectarlo o a colocarle un suero, según fuera el caso, durante varios meses.

Por ese entonces, Lisy había terminado el Diplomado de Tanatología y con Héctor pudo aplicar sus conocimientos. Conforme pasaban los días, la relación enfermera-paciente se fue estrechando al grado de que se creó una dependencia de Héctor hacia Lisy. Éste ya no quería que nadie le hiciera nada, sólo ella.

Eventualmente su enfermedad se fue agravando y las visitas y conversaciones se hicieron más frecuentes. Incluso en una ocasión él le dijo a Lisy que quería conocer a sus hijos y cuando lo visitaron le llevaron dibujos que le habían hecho.

Tiempo después, al enterarnos de la muerte de Héctor, fuimos al funeral a dar el pésame a su familia. Después de un rato de haber llegado nos dimos cuenta de que varios asistentes volteaban a ver a Lisy y conversaban entre ellos. Era tan evidente que fuimos con una de sus hermanas a preguntarle qué estaba pasando. Ella nos preguntó si ya nos habíamos acercado a ver a Héctor. "La verdad no, ¿por qué?". "Vengan", dijo. La seguimos hasta el féretro y nos dimos cuenta de la razón de todo. Héctor había pedido que pusieran una fotografía de Lisy dentro del ataúd y que así lo enterraran.

Aquí no acaba la historia. Tristemente seis años después Carlos, un hermano de Héctor, enfermó de cáncer en los huesos y también a él lo estuvimos atendiendo. Hacia el final de su enfermedad nos llamaron para aplicarle un analgésico recetado por el doctor; Carlos ya sufría mucho dolor. Yo acababa de llegar de un viaje de trabajo muy cansado, así que le pedí a Lisy que fuera a atenderlo. Más tarde me llamó para decirme que veía muy mal a Carlos. A pesar de haberle aplicado el analgésico hace poco tiempo, aún seguía con mucho dolor. Le pedí que me describiera todo lo que veía, fue entonces que me di cuenta de lo que pasaba. "Llamen al doctor para que vaya y dile a sus hermanas que se despidan de él porque ya se está muriendo". Ellas así lo hicieron y a los pocos minutos falleció.

Esta experiencia es sólo una de muchas en las que se hace patente la relación, a veces muy estrecha, entre las enfermeras y los pacientes cuando están en el trance de dejar este mundo para siempre. Es muy común que al sentirse desprotegidos y con mucho dolor estrechen la relación. En la actualidad tenemos una relación de amistad con la familia a la que vemos ocasionalmente.

PARA CIRCUNSTANCIAS EXTREMAS, ACCIONES EXTREMAS

La única hermana de mi papá que conocí yo, porque la otra se murió muy joven, fue mi querida tía Chata. Ella vivió por temporadas en mi casa y era mi hermana mayor pues me cuidaba mucho, al igual que a mis hermanos. Fue mi tía la que me enseñó a chiflar como arriero y a manejar cuando estuve en edad de hacerlo. Cuando ella era novia de mi tío Filiberto yo la hacía de chaperona y me llevaban al bosque, a los columpios, al cine o a comprar nieve. Yo la quise mucho, a la fecha la echo de menos. En una ocasión cuando vino de visita a Torreón, vivía en el D.F., se sintió enferma estando en la casa de mis papás. El caso fue que la llevamos de prisa al hospital del Seguro Social. Ella se había venido de viaje sin traer su tarjeta de citas o algún documento que le permitiera comprobar su afiliación al seguro, pero dada la urgencia y los síntomas que presentaba requería de una atención inmediata, así que la llevamos a urgencias.

Cuando llegamos nos dimos cuenta de cómo se las gastan a veces en algunas de las instituciones donde les interesa más la burocracia que atender al paciente. Nos encontramos con un médico que nos dijo: "que se siente ahí porque estoy atendiendo a otro paciente, después sigue ella". Mientras las enfermeras nos explicaron que no se le iba a poder atender sin papeles. A mí se me venía a la mente una frase que aprendí en la escuela de enfermería: "primero paras la sangre y después averiguas que pasa". Es decir, primero atiende la verdadera emergencia y luego averiguas lo demás.

Yo me fui muy indignada a buscar al director médico, sin mediar palabra me metí a su oficina ante la sorpresa de la secretaria quien no entendía qué pasaba. Me encontré al director hablando por teléfono, con los pies arriba del escritorio. En cuanto me vio le dije que quería hablar con el urgentemente, él colgó el teléfono y bajó los pies.

"Mire doctor, si hay que firmar algo para que atiendan a mi tía dígame dónde y firmo; esto no puede esperar". De inmediato dio la orden para que la atendieran. Por supuesto que no hubo problema, al día siguiente llegaron los papeles y se comprobó que todo estaba en orden.

Qué difícil es cuando dependemos de personas sin criterio ni sensibilidad. Mi tía Chata estuvo internada unos días y finalmente salió bien de la angina de pecho. Unos años más tarde, cuando ya vivía aquí en Torreón, se puso enferma de nuevo, pero en esta ocasión, a pesar de que se le atendió como se debía, murió después de sufrir un infarto además de una embolia. Yo estaba trabajando fuera de la ciudad y cuando llegué a Torreón ella ya estaba inconsciente. Nunca pude decirle lo mucho que la quería. Pero así es la vida, qué le vamos a hacer. A veces no estamos en el lugar indicado ni en el momento preciso aunque así lo queremos, por ello a veces no podemos despedirnos de nuestros seres queridos. Suena muy trillado pero siempre que tengamos oportunidad demostremos nuestro cariño a nuestros seres queridos. Nunca sabemos que pueda pasar.

IN ABSENTIA, O CUANDO LA HICE DE BATEADOR EMERGENTE

Había una pareja de norteamericanos que vivían en Torreón desde hacía muchos años. Tenían tres hijas pero todas vivían en Estados Unidos. A través del tiempo les tomé cariño y los atendía con mucho esmero. Era un matrimonio muy bien avenido y como casi no hablaban español se apoyaban en mí porque los podía atender en su idioma, incluso me iba con tiempo para quedarme a platicar con ellos después de darles tratamiento.

El señor era el que más requería de mis servicios. Un día me llamaron para decirme que la señora había sufrido un infarto y había muerto mientras escribía una carta a una de sus hijas. Me dio mucha pena. De ahí en adelante seguí respondiendo a los llamados del señor, ahora con más ganas pues me llamaba con frecuencia. Después de la muerte de su esposa se sentía muy solo.

Pasando algún tiempo me llamó una amiga quien también conocía al norteamericano para decirme que por la mañana, cuando un empleado llegó a trabajar, lo encontró tirado en la puerta de la despensa, dentro de la cocina. Lo llevaron en una ambulancia al hospital y lo empezaron a tratar los médicos. Como no tenía familiares en Torreón y se requería que alguien lo acompañara durante el día y la noche, yo fui a verlo a su cuarto para hacerle compañía y lo encontré delicado; pero no grave. Sin embargo a las dos horas me llamó la enfermera para decirme que la situación del señor se había agravado y lo habían pasado al departamento de terapia intensiva.

Entré al departamento de terapia intensiva. Ahí me encontré con un cuadro más tétrico de lo que pensaba. En ese momento timbró el teléfono y como yo estaba cerca contesté. El que llamó era otro médico amigo de ellos, al que ya habían puesto al tanto de la situación. Me preguntó si estaba el médico tratante; le pasé el auricular no sin antes recibir las instrucciones acerca de lo que se haría tras el fallecimiento. Resulta que las hijas habían hablado con el médico amigo y decidieron que si su papá tenía muerte cerebral lo desconectarían. No querían que se quedara como un vegetal. Cuando el médico tratante escuchó lo que le decía su colega por el teléfono, levantó una mano e hizo una seña semejante a tijeras, a lo que la enfermera preguntó: "¿Qué quiere doctor, unas tijeras?". "No, Amparito, lo que quiero es que le quite todo al paciente". Ella procedió a hacer lo que el médico tratante le indicó. Después yo tomé el auricular y me dijo el médico amigo de la familia que tras el fallecimiento me esperara y liquidara la cuenta con una tarjeta mía, que llevara al señor a la funeraria donde sería incinerado. Me explicó que la siguiente semana llegarían las tres hijas, recogerían las cenizas, liquidarían la casa y se llevarían los restos a Estados Unidos donde ellas los depositarían en un lago ubicado frente a la propiedad que allá tenían.

Así se hicieron las cosas. Cuando las hijas llegaron a Torreón me liquidaron la cuenta y quedaron muy agradecidas por la ayuda que les presté; además me regalaron unas cosas que yo escogí de la casa, las quería conservar como recuerdo. Desde entonces no las he vuelto a ver; pero me quedé con la satisfacción de haber servido de algo a aquella familia a la que en verdad aprecié, no sólo como pacientes sino como amigos.

MI LUCHA CONTRA EL DOLOR

Amalia fue una de mis compañeras de generación en la escuela de enfermería. Ella fue una muchacha que tuvo problemas para estudiar pero al final terminó la carrera. Hicimos el servicio social en un hospital de gobierno y se quedó a trabajar ahí por muchos años. Su vida transcurrió con muchas cosas negativas pero finalmente se casó y tuvo tres hijos. El marido nunca la valoró, le dio una vida de lo peor; pero ella siguió trabajando incluso cuando se incapacitó debido a un cáncer de mama que padeció.

Cuando le quitaron la mama estaba muy ilusionada porque todo pintaba para que se recuperara sin problemas. Inclusive meses después le hicieron la reconstrucción de la mama y quedó bastante bien. Lo triste de la historia fue que después de dos años empezó con una tos persistente que resultó una metástasis de pulmón. En este caso ya no tuvo remedio y su deterioro fue muy rápido hasta quedar inconsciente. Al final tenía muchos dolores y aunque no podía hablar se quejaba mucho y se tranquilizaba cuando le ponían un analgésico muy potente; pero el efecto sólo le duraba una o dos horas. El analgésico se lo ponían sublingual y en muy pequeñas dosis.

Una noche me llamó la hija para decirme que su mamá tenía mucho dolor y que por favor le llevara más medicamento. Todos estaban desesperados. Me fui con un anestesiólogo quien manejaba el medicamento, me dio la medicina e instrucciones sobre las dosis que le podía aplicar por la vía intramuscular.

Estuve asistiendo a Amalia para tenerla sin dolor hasta el día en que murió. Por supuesto en complicidad con las enfermeras amigas de Amalia entraba en el hospital y cuando no estaba la doctora residente le aplicaba las dosis necesarias para que se mantuviera sin dolor.

Cuando murió me sentí muy satisfecha de haber ayudado a que sus últimos días fueran menos dolorosos para ella y sus hijos. Lo que no me explico es cómo los doctores que tratan estos casos no ponen punto final a ese sufrimiento cuando está en sus manos hacerlo. Siempre he considerado que la primera prioridad debe ser quitar el dolor al paciente a menos que haya una circunstancia la cual de verdad lo impida. Pero créanme, esto sucede muy rara vez. En fin, así suceden las cosas. Yo creo que es cuestión de cultura de la muerte. Les recuerdo que no siempre ganan los "buenos" como en las películas de Hollywood. La muerte al final hace su trabajo pues no somos eternos.

OPERACIÓN DESPEDIDA

Desde mi manera de ver y de pensar, este paciente, al que llamo "el señor incongruente", era tal y como dice su apodo: por demás incongruente. Me tocó verlo hincarse en el pasillo central y hacer todo un rito para persignarse los domingos en la iglesia que está cerca de mi casa. Quiero que sepan que yo respeto la manera de ser de cada quien, además no juzgo a la gente; pero resulta que pasados algunos años, y ya estando enfermo, él solicitó una enfermera para que lo atendieran en su casa. Por azares del destino nos contrataron a nosotras.

Como suele suceder, los pacientes llegan a confiar sus secretos más íntimos a las personas que los cuidan. Este caso no fue la excepción. El señor tenía una enfermera de día y otra de noche y lo notaban muy inquieto. Al preguntarle qué le pasaba, le platicó a la enfermera del día que él tenía una relación con una mujer a la que quería mucho y deseaba mandarle un recado para despedirse de ella porque sentía que el final estaba cerca.

En vías de hacerle su final menos triste la enfermera me platicó su inquietud y empezamos a planear la despedida hacia la mujer que tenía en el anonimato. Sólo que había un problema: el señor tenía muchos hijos, además de su esposa, y muy rara vez lo dejaban solo. Yo le dije que le escribiera un recado. Íbamos a tratar de aprovechar un momento en el que la familia no estuviera en la casa para que viniera ella a despedirse. El señor escribió el recado y un día cuando la familia se había ausentado yendo a una misa de pésame de un amigo, planeamos que la mujer entrara y saliera rapidito para verlo unos cinco minutos. Así lo decidimos. Organizamos la operación despedida. Al terminar de escribir el recado nos dio direcciones para localizar a la mujer. Nosotras fuimos y al entregarle el recado le explicamos que iba a tener la oportunidad de despedirse del paciente, acompañarlo sólo por cinco minutos, no más. También le dijimos que estuviera al pendiente, nosotras le íbamos a llamar en el momento indicado, cuando no hubiera moros en la costa, para hacer todo el operativo. Así lo hicimos y todo salió perfecto. La mujer entró y salió tal como lo planeamos, antes de que los hijos y su esposa regresaran de la misa. En esos cinco minutos pudieron platicar y despedirse lo suficiente para que el paciente quedara tranquilo.

Quiero que sepan que la tranquilidad le llegó a su corazón y a los pocos días murió en santa paz. Yo creo que era la única persona de la que le faltaba despedirse o quizá pedirle perdón por algo que le inquietaba. Estoy convencida de que las personas no se van de este mundo si tienen pendiente un círculo por cerrar: alguien de quien se quieren despedir, a quien pedir perdón, encargar algo a alguien o decirle que lo quieren, en fin, cerrar sus círculos.

A nosotros como personal de la salud nos debe interesar el estado general del paciente, no sólo el físico sino el espiritual y emocional. Nunca supe si la familia se enteró, pero al poco tiempo de la operación despedida avisaron que ya no enviáramos a la enfermera de día, ya no la iban a necesitar. Lo que sí me di cuenta es que todos se extrañaron; de repente el señor se tranquilizó y hasta feliz estaba. Creo que de alguna manera contribuimos a que se fuera en paz.

Varios años después de esta experiencia me invitaron a dar unas pláticas sobre tanatología en el Club deportivo San Isidro. Al tocar el tema de la importancia de cerrar círculos me acordé de lo que había pasado, pensé que sería buena idea platicarles la historia a manera de ejemplo, así que me puse a contarles lo que había sucedido. Conforme avanzaba la historia los asistentes mostraban cada vez más interés en saber el desenlace. Cuando llegué al final todos me ovacionaron con muchos aplausos. Incluso uno de ellos me dijo: "Usted si sabe licenciada".

A mí me dio mucho gusto ver la reacción de los asistentes. Muy aparte de lo chusco que pudiera parecer, quedé satisfecha de que la anécdota dejara claro cuán importante es para una persona cercana a morir cerrar sus círculos para poder irse en paz.

CÓMO APODERARSE DE UN ENTIERRO

Estela era representante de la compañía IBM y vino a Torreón para hacer una donación al Instituto de la Audición y el Lenguaje fundada por mi papá muchos años atrás. Así fue como la conocí y después de tratarla un tiempo le tomé cariño especial.

Ella tenía un tío que vivía aquí en Torreón y aunque no había mucho contacto con él no dejaba de ser hermano de su mamá. Estela vivía en el D.F. y su mamá en Ciudad Juárez. Ya entrando en materia de la historia que les cuento, un día cerca de las once de la noche me despertó un telefonazo, era Estela para pedirme un favor. Me explicó que su tío se había muerto en el hospital del ISSSTE y ella llegaría al día siguiente en el primer avión de la mañana, también me dijo que su mamá ya venía en camino desde Ciudad Juárez. El favor consistía en empezar a hacer los arreglos para el funeral. Con las instrucciones recibidas me fui al hospital y cuando llegué el señor ya estaba en el refrigerador donde se dejan los cadáveres hasta que vienen por ellos de la funeraria o los familiares. En ese momento me dieron el certificado de defunción y quedamos en que por la mañana vendría gente de la funeraria por él.

De ahí me fui a la funeraria. Por cierto, escogí una que no fuera tan cara dado que no sabía cuánto se querían gastar en el entierro. Yo tomé la decisión como si fuera para mí. Como no estoy de acuerdo en tirar el dinero junto con el muerto me avoqué a gastar lo menos posible. Cuando llegué ahí estaba el empleado de la funeraria, supongo que dormido porque después de timbrar varias veces salió poniéndose la camisa. Con él me puse de acuerdo en lo de la caja. Cuando me dio la lista de los precios me fui señalando la lista con el dedo, desde el primero que costaba veinticinco mil hasta la del final que costaba cuatro mil. Luego pedí me mostrara las cajas y la verdad como no vi ninguna diferencia entre la más cara y la más barata, me fui por la de cuatro mil, sin esquela. Al señor muertito sólo lo conocían en el barrio y ahí se iban a enterar de todas, todas. Yo quedé en llevarles el certificado de propietario perteneciente al panteón. Estela mencionó que el documento debería estar en la casa, lo iríamos a buscar cuando ella llegara al día siguiente. En la funeraria quedaron de ir por el muertito y lo llevarían a la sala donde se iba a velar.

Me regresé a mi casa a dormir un rato porque ya eran las tres treinta de la madrugada y a las siete de la mañana había quedado en ir al aeropuerto a recoger a Estela. Despertando me fui por ella, luego buscamos a su mamá. Se había hospedado en un hotelito porque no conocía Torreón y nos regresamos a mi casa para tomarnos un café. Después de descansar un ratito las llevé a la casa del famoso tío. Cuando llegamos estaba una muchacha cantando y bailando con el radio a todo lo que daba. Al vernos nos preguntó quiénes éramos, nunca nos había visto. Estela y su mamá se presentaron como la hermana y la sobrina del señor que ahí vivía y venían a buscar unos papeles requeridos ya que el señor estaba internado en el ISSSTE. Ella estuvo de acuerdo así que empezamos a esculcar. En la recámara buscaron por todos los cajones hasta que dieron con el título de propiedad del terreno en el panteón. Nos fuimos la funeraria para entregarlo y de ahí pasamos a la catedral para hablar con el padre y ordenar la misa de cuerpo presente. En este punto les sugerí que le compráramos unas florecitas, obviamente en el mercado de flores pues las florerías son muy caras. Estuvieron de acuerdo. De ahí fuimos a la funeraria a dejarlas y regresamos a la casa del señor para que avisaran y supieran los vecinos que el señor ya había fallecido. Excuso decirles que a la hora de dar la noticia a la muchachita a quien nos habíamos encontrado bailando ésta casi se desmaya. Por supuesto irrumpió en llanto. En ese momento Estela y su mamá notaron la presencia de cosas a las que en un inicio no habían dado importancia, como unos condones encontrados durante la búsqueda de los papeles.

La muchachita se fue a decirles a los vecinos para que se presentaran en la funeraria. La misa de cuerpo presente y el entierro serían a las tres de la tarde. Cerramos la casa tras pedirle las llaves a la muchacha y nos dirigimos a la funeraria. Media hora después empezaron a llegar los vecinos y la muchachita, que venía toda de negro con un vestido de encaje negro muy elegante, como si fuera la viuda. Lo velamos hasta las tres y al ritmo de las campanas de la catedral (ubicada enfrente de la funeraria) nos fuimos caminando. Por supuesto fui con el padre para darle el nombre del difunto. Hasta ese momento supe cómo se llamaba, para que lo mencionara en la homilía. Empezó la misa y ¿saben quién realizó las lecturas y quién recogió la limosna? Adivinaron: yo. Al terminar la misa Estela me pidió pagársela al sacerdote y nos fuimos al panteón. ¿En el carro de quién creen que fuimos detrás de la carroza? Adivinaron otra vez: en el mío. Llegamos al panteón, entregué los papeles que nos habían dado en la funeraria y también pagué las propinas de los enterradores. Misión cumplida (o eso pensaba yo) pero no.

Decidimos hacer una pausa. Ya muertas de hambre nos fuimos a comer a La Majada una deliciosa carne asada; pero antes bebimos el "piquete" que nos había hecho falta en el velorio. Comimos y nos fuimos a descansar a mi casa; pero como estábamos tan tristes seguimos con el tequila mientras hacíamos planes para el día siguiente. Por supuesto dejamos de lado la conversación acerca de los planes y Estela y su madre me empezaron a contar la historia del tío al que habían dejado de ver hacía un buen tiempo. Y nos dieron las diez y las once y la una y las dos de la mañana, eso sí, muy desahogadas de la pena con los tequilitas.

Al día siguiente empezó la venta de todo lo que había en la casa del pariente. La muchacha que había "enviudado" con lágrimas en los ojos nos dijo que quería le vendieran la recamara, que si la podía pagar después. Yo le sugerí a la mamá de Estela mejor regalársela. Sabrá Dios si la iría a pagar y la verdad es que, por lo que se veía, tal vez ya la había disfrutado con él. Ellas estuvieron de acuerdo.

En fin, nos llevó dos días vender y regalar todo. Algunas cosas no estaban en buenas condiciones. Al tercer día por fin Estela y su mamá, quien por cierto se llamaba Eustolia, se fueron a sus lugares de origen no sin antes dejarme un pagaré que todavía conservo, dice: "Bueno por un millón de cariños para hacerlos efectivos en el momento que yo quiera, en agradecimiento por las atenciones que había tenido con ellas para despedir de este mundo a su pariente, las que de otra manera nunca me podrían pagar".

Lo que sí quiero aclarar es que todos los gastos corrieron por parte de Estela y su mamá, yo sólo fui la ejecutora.

UNA MAESTRA MUY ESTRICTA

La señora Alatorre era una señora que tenía fama de ser muy enérgica para educar a sus hijos. Yo conocía a varios de ellos, la más chica estuvo en la primaria conmigo. Un día un hijo de ella, que es arquitecto, me llamó para pedirme una enfermera. En aquel tiempo yo necesitaba trabajar mucho porque tenía que pagar algunas cosas urgentes, así que decidí hacer el trabajo yo misma.

El trabajo consistía en acompañarla a dormir (y literalmente así era) para asistirla en caso de que ella necesitara medicinas; acomodarla para que estuviera a gusto o llevarle el cómodo para que hiciera pipí durante la noche. Su casa era una extensión de la de su hijo; se comunicaba por el jardín. Además tenía una persona encargada del aseo y de realizar la merienda, el desayuno y la comida.

La señora fue maestra de primaria en su juventud y yo pienso que a eso se debían la disciplina, la rigidez y el orden para todo. Estoy convencida de que era una persona muy inteligente. Como les dije antes yo estaba pasando por una época de mucho nerviosismo, en las noches no dormía bien por estar pensando en todo lo que tenía que hacer para remediar todos mis males. Ella se daba cuenta, me oía dar vueltas en la cama. Por las mañanas me preguntaba qué era lo que me pasaba, hasta que un día me dijo: "Para poder dormirte lo que necesitas es 'descolgarte del gancho'". Con mucha atención escuché su teoría, no dejaba de ser la técnica de relajación que yo ya sabía; pero me sirvió mucho volverla escuchar de nuevo. Ella decía que imaginara tener que sacar un gancho desde la cabeza para irlo deslizando por el cuello, por el pecho, por el abdomen y así relajar todo el cuerpo incluyendo los brazos y las piernas, para sacarlo por los pies junto con toda la tensión que iba arrastrando a su paso.

Una de las enseñanzas que más me impactó era lo que decía: en su rancho los pacientes se morían "facilito". Aclaro que no era de un rancho sino de Aguascalientes. También aseguraba que aquí en la ciudad les costaba mucho morirse a las personas porque en los hospitales les ponían sueros, tripas por aquí y por allá: que para comer, que para respirar, que para orinar, etcétera. Además de operarlos y hacerles no sabía qué tantas cosas más, terminaban en puro sufrir. En cambio en el rancho les daba un dolor y llamaban al doctor. Éste a veces llegaba y otras no.

Y cuando por fin llegaba decía que ya no había nada por hacer. ¿Verdad que allá sí se morían facilito?

Otra de las cosas que le aprendí a ella fue la facilidad para dormir sin tomar nada para conseguirlo. Bueno, no del todo, ella decía que la mitad de una aspirina la hacía dormir y también le ayudaba a prevenir males cardíacos. Desde joven ella era súper aficionada a jugar cartas y cuando ya estaba peor de salud nos invitaba a jugar a mí y a la muchacha que la atendía. A veces pienso que como era tan inteligente nos utilizaba a Ceci (así se llamaba la muchacha) y a mí para entretenerse. De repente nos decía: "vamos a jugar cartas". El problema era que ni siquiera teníamos cartas. Cada vez que nos invitaba a jugar y le preguntábamos con quien, ella siempre nos contestaba lo mismo: "Tú, Ceci, la otra y yo". Obviamente la otra no existía. Luego me decía: "tú reborujas y nos das cinco cartas a cada quien". Yo hacía toda la faramalla, el sonido trrrtrrr fingiendo barajar y repartir las cartas, después había que simular que las tomábamos y jugábamos. La primera vez Ceci se levantó para salir del cuarto, afuera me hizo señas desde el otro cuarto para que fuera. Cuando salí me preguntó: "¿Cómo vamos a jugar si ni cartas tenemos?" Yo le dije que fingiéramos, al fin y al cabo sólo estábamos jugando. Cuando regresamos la señora Alatorre, quien tenía un oído de tísica, nos dijo: "Sí, sólo estamos jugando". ¿Cómo la ven?

Después de jugar un rato ella se cansaba y decidía que ya se quería ir a dormir. Nos decía: "ésta es la última carcajada de la cumbancha y ya les gané, así que vámonos a dormir". Y de vuelta a la rutina: la acostábamos, tomaba la media aspirina para dormir y en la madrugada despertaba para hacer pipí, volvíamos a dormirnos hasta que era la mañana. El turno siempre se desarrollaba igual hasta el día en que nos encontramos unas cartas en uno de los cajones. Ella se puso contentísima, de ahí en adelante jugábamos con cartas reales y nos divertíamos mucho más.

En una ocasión cuando llegué a cubrir mi turno no la encontré de buenas y lo primero que me dijo fue que no quería oír hablar a nadie. "Sí, señora", le contesté. Ella me respondió: "ni el sí, señora". Sólo atiné a musitar "mjú" y a asentir con la boca cerrada. "¡Ni el mjú! Pero antes de que dejes de hablar llámale al padre Beto (el padre Beto era el padre de la iglesia que queda a dos cuadras de la casa) y dile que no quiero oír las campanas de la iglesia para ir a la misa de las siete porque me despertará." Yo hice como si marcara el teléfono y le dijera al padre Beto que por favor no tocara las campanas, fingía que me contestaba siguiendo toda la conversación y al final di las gracias. "Ya está, señora, mañana no la van a despertar las campanas". "Ok, ahora sí no hable nadie más". Y nos dormimos todas.

Duré más de un año durmiendo ahí con ella. Yo la verdad le decía a su hijo que tiraba su dinero conmigo, lo mismo que yo hacía lo podía realizar Ceci, la muchacha. Él me contestaba que yo no le iba a decir qué hacer con su dinero, además yo no sólo iba a cuidar a su mamá, también le permitía dormir tranquilo sabiendo que yo podía resolver cualquier problema que surgiera en el departamento o con la salud de su mamá. Entonces le contesté: "Ah, pues entonces tire su dinero donde quiera que yo lo recojo".

Esta fue una de las experiencias más enriquecedoras que he tenido en mis prácticas profesionales. A veces llegué a creer que en realidad nos tomaba el pelo con lo de la jugada de cartas sin cartas, que en realidad su intención era tenernos a Ceci y a mí muy pendientes de ella. Después de un año y unos meses le dejé esa guardia a otra persona que siguió un buen rato acompañándola.

TESTIGO EN UN TESTAMENTO

Otro de los servicios que me tocó prestar fue el cuidado de un paciente que había tenido cáncer en los testículos y se los habían extirpado. El señor estaba ya en fase terminal pero lo tenían muy controlado en cuanto al dolor; comía más o menos bien y platicaba un poco con el hijo y las hijas, que eran cuatro o cinco, no recuerdo bien. Él era viudo y un detalle pendiente que tenía era que nunca había hecho su testamento. Esto les preocupaba a los hijos porque era dueño de un rancho y de algunas otras propiedades como la casa en donde yo lo cuidaba.

Un día lo convencieron de hacer el mencionado testamento. Para ello fue el notario y dejaron en claro a quién le tocaba cada cosa. El único problema vino cuando el señor, debido a la debilidad que tenía, no pudo firmar. Ahí fue cuando entré al quite: mientras hacían todo lo correspondiente a la papelería, yo les ayudé a que él ensayara su firma para que le saliera más o menos bien. Por cierto, este ensayito nos tomó tres días. La verdad nunca le salió como él firmaba antes de estar enfermo, pero según el notario no tenía tanta importancia; con sólo el intento y la certificación de algún testigo de que él deseaba heredar según su voluntad, era suficiente. Por supuesto la persona que iba a dar testimonio de todo eso era yo.

Todo se hizo como el notario dispuso y todos quedaron en santa paz. Ahí estampé mi firma para atestiguar lo legal. Por cierto, el hijo del señor me preguntó cuánto me debían, por supuesto que yo le dije que nada. Pasaron unos días, el señor se murió y todos quedaron satisfechos con las cosas heredadas.

Días después me sonó el *beeper* que tenía en aquel entonces. Era un recado para que me comunicara con el señor fulanito de tal. Al principio me desconcertó porque era el nombre del difunto. Después recordé que su hijo se llamaba igual. En el recado me pedía que fuera a su casa. Así lo hice. Yo iba con la idea de que faltaba alguna firma para el trámite del testamento; pero no, me entregó una cajita con un anillo de una media perla con chispitas de brillantes que el señor me había dejado como agradecimiento por mi firma. Al principio fue un "No hay necesidad" y acabé despidiéndome con el "muchas gracias". Salí de ahí con mi anillo, por cierto igual a unos aretes que yo tenía desde hace tiempo, así hice el juego. Nunca sabe uno cómo van a pasar las cosas; pero qué bueno que acontecen y además sin proponértelo.

UNA ACTITUD POSITIVA

A esta paciente le llamaban la charra Hoyos por su afición a los caballos y a la charrería. Ella era algunos años más grande que yo, sin embargo, cuando yo era muy jovencita oí hablar de ella y sabía de quién se trataba. La charra Hoyos estaba casada con un cantante, uno de los más populares cuando yo tenía unos quince años. Ellos tenían un rancho pegadito a la ciudad de Torreón, ahí pasaban largas temporadas.

Mi trato con ella empezó cuando el doctor Verano, un oncólogo, me llamó para ponerle la quimioterapia. Se le aplicaba como parte de un tratamiento para controlarle un cáncer que tenía en los pulmones. Su doctora tratante era de la Ciudad de México, debido a que sus visitas a Torreón eran por largos periodos, el doctor Verano se encargaba de darle seguimiento durante su estancia en el rancho.

En una ocasión en la que le puse el tratamiento, ella entró en shock y tuvimos que salir hechos la raya como en un cohete hacia el Sanatorio Español. Recuerdo que el chofer se cruzaba las calles que llevaban la preferencia y se pasaba los semáforos en rojo. Hagan de cuenta una película. Mientras, yo pensaba que no íbamos a llegar a tiempo. Durante el trayecto tomaba la mano de la charra con la mía mientras medía el pulso. Yo pensaba que le iba a dar un paro. Gracias a Dios en aquella ocasión llegamos a tiempo y después de estar internada ocho días la dieron de alta y se regresó al rancho. A los pocos días viajó a la Ciudad de México pero volvió transcurridos uno o dos meses.

Dos o tres días después de haber ella vuelto me llamaron de nuevo para aplicarle la quimioterapia. Recordando la experiencia pasada le llamé al doctor Verano para decirle que sí se la ponía; pero que fuera conmigo porque la verdad no quería pasar por otro susto igual. El doctor estuvo de acuerdo, en esta ocasión él iba a llevar el medicamento y estaba planeado llevar también al neumólogo. "Ok, así, sí", le contesté.

Llegó el día y nos juntamos todos los del equipo médico. Lo primero que había por hacer era canalizar a la paciente. Una vez hecho esto empecé a pasar los medicamentos preliminares: uno para prevenir un shock anafiláctico; un antihemético previsor del vómito y finalmente la quimioterapia. Todo marchaba muy bien; pero me llamó la atención que la charra Hoyos comentara que en cuanto le empezaba a entrar el medicamento ya se sentía mejor. Para no hacer más larga la historia, a los cinco minutos la paciente tuvo un paro cardio-respirtorio. Ya se imaginarán la situación. Lo bueno es que estaban ahí los médicos, la empezaron a tratar de inmediato mientras llegaba la ambulancia de la Cruz Roja. La llamaron de Matamoros porque era más cercana que la de Torreón. Para cuando llegó la ambulancia unos minutos después, por fortuna los médicos ya la habían sacado del paro.

Ya en la puerta del rancho, para sorpresa de todos, sobretodo del marido; nos dimos cuenta de que la ambulancia dio vuelta a la izquierda, rumbo a Matamoros, en lugar de a la derecha hacia Torreón, porque la instrucción que se les había dado era llevarla al Sanatorio Español, a Torreón. Luego nos explicaron los socorristas de la ambulancia que, ya en el vehículo, la mujer había tenido otro paro y pensaron que por el momento era mejor llevarla al IMSS de Matamoros debido a la cercanía. Los familiares, los doctores y yo nos fuimos al hospital. Cuando llegamos me dijo una de las sobrinas que ya estaban estabilizando a la señora y en cuanto pudieran la trasladarían al Sanatorio Español en Torreón. Como yo ya no tenía nada que hacer por el momento, me regresé para tomar algunas cosas que se me habían quedado en el rancho. Por las prisas ya no me las llevé. Al estar recogiéndolas timbró el teléfono y al ver que nadie contestaba yo lo hice, sólo para enterarme por una de las hijas que su mamá acababa de morir. Así terminó la historia de la mujer que decía sentirse bien en cuanto le entraba el medicamento.

Cuento esta historia debido a este último detalle. Es bien sabido que una actitud positiva resulta importantísima para el bienestar de cualquier persona; mucho más cuando se está enfermo. Sin embargo, a pesar de esto, cuánta gente no lo hace y se deja llevar por el pesimismo, lo que sólo agrava el cuadro general del paciente. Este no fue el caso de la charra Hoyos, ella siempre mostró una actitud positiva ante las dificultades por las que pasaba a causa de su enfermedad. De ahí que se sintiera bien "en cuanto le empezaba a pasar el medicamento". Eso era imposible, pero sucedía como consecuencia de mantener la actitud a la que me refiero. Por desgracia, como también lo vemos en este caso, una actitud positiva a veces no es suficiente. Imagínense que lo fuera, nadie enfermaría. Pero insisto: es muy importante tenerla, las cosas salen mejor cuando así es. En no pocas ocasiones muchos pacientes se dejan llevar por las circunstancias y asumen una actitud negativa y de desamparo. Es perfectamente lógico y entendible. Es aquí donde el personal médico y sobre todo las enfermeras, quienes tienen tanto contacto con sus pacientes, deben mostrar optimismo y hacer todo lo que esté en sus manos para que las personas bajo su cargo cambien de actitud. Lograr este cambio es parte importante en la recuperación de cualquier enfermo.

Otro caso que ilustra muy bien esta idea fue el de mi consuegra. Yo la quiero muchísimo, y lo digo en presente porque aún lo hago a pesar de que ya murió. Ella fue un ejemplo a seguir por la manera tan positiva con la que veía la vida. Hace algunos años la acompañé a una de las consultas con el médico, justo cuando le diagnosticaron cáncer de matriz. Recuerdo que al salir, en lugar de derrumbarse y dejarse llevar por el pesimismo, hizo de tripas corazón y me dijo: "¡A mi ése cáncer no me va a ganar!".

Recuerdo que a pesar de todas las dificultades producidas por los tratamientos, por la cirugía y las incomodidades relacionadas con su enfermedad, siempre mantuvo una actitud positiva. Por fortuna en esa ocasión logró vencer al cáncer y mantuvo una vida prácticamente normal durante seis años, hasta que éste volvió y al final ella perdió la batalla.

MÁS PRONTO CAE UN HABLADOR...

Como se dieron cuenta debido a mi experiencia con la charra Hoyos yo ya había dicho que nunca más pondría una quimioterapia en la casa de nadie. Por lo menos no sin el apoyo médico de respaldo. Y más pronto cae un hablador que un cojo; yo me vi falsa de toda falsedad.

Un día cuando estaba en mi casa me llamó Cecy, mi hermana chiquita (así le digo a mi hermana menor) para decirme que le habían hecho una mamografía. Me explicó que ella había insistido en realizársela porque su ginecóloga no le quería hacer caso, a pesar de ya tener casi un año sintiendo una bolita en el pecho. Viendo esto consiguió que una doctora de otra especialidad, quien también la atendía, le expidiera la orden de hacerse el estudio. Yo siempre he creído que el médico al ver un paciente con inquietud debe considerar la realización de un estudio en particular para así tranquilizar a la persona, porque no vaya a resultar positivo, como en este caso lo fue.

La cuestión es que ella decidió venir a operarse aquí en Torreón, principalmente porque iba a tener a sus hermanas cerca para que la atendieran. Allá su marido se tenía que ir a trabajar todo el día y se complicaba la asistencia a las quimioterapias o al tratamiento que le dieran. De la operación en adelante Cecy permanecería en Torreón por lo menos dos o tres semanas cada mes durante los ocho que duraba el tratamiento. Como era de esperarse yo le ponía las quimioterapias a mi hermana chiquita. Ella estaba muy alterada de los nervios ya que no quería ir al IMSS porque se deprimía al ver a los otros pacientes. Fue así que pedimos permiso al jefe de oncología, quien también era su médico tratante, para poder recoger la medicina en el hospital y aplicársela en la casa de Cristy, nuestra hermana mayor, quien hacía el papel de mamá. Quiero decirles que cada veintiún días cuando le tocaba el tratamiento a mí me daba colitis de los puros nervios. Gracias a Dios al final todo salió bien y nunca hubo complicaciones. Es que esto ya no resulta como antes cuando se decía que el cáncer era sinónimo de muerte. Ahora ya hay muchos recursos para mejorar la calidad de vida y cambiar el pronóstico de la enfermedad. Lo importante es detectarlo a tiempo, para ello debemos hacer las autoexploraciones y los chequeos recomendados por los médicos. No olvidemos que la medicina del futuro es la prevención.

MI ENCUENTRO CON EL MINISTERIO PÚBLICO

Tengo una amiga a quien, aunque hace mucho tiempo que no veo, la sigo considerando así. Ella me llamó para pedirme un favor: quería que fuera a ver a su mamá, hacía unos días había sufrido una caída. Ya la habían atendido en la Cruz Roja y estaba de regreso en su casa; pero empezó con un cuadro de neumonía que se le estaba complicando. Ya le habían recetado medicinas pero se rehusaba a tomárselas. Por esto, mi amiga quería que yo fuera y fingiera ser doctora para ver si la convencía de seguir el tratamiento para que se pudiera recuperar. Le dije que sí y me fui a su casa.

Cuando llegué le escuché los pulmones y le tomé la presión como si fuera una doctora. Después le dije que los antibióticos recetados eran los adecuados, que debía tomárselos si quería aliviarse. Como ella accedió la dejé, pensando que la había convencido de seguir el tratamiento. Al día siguiente iba a llegar una hermana de la señora, creo venía de Aguascalientes y su hija se ofreció a quedarse con ella durante la noche para estar al pendiente. Sin embargo como la madre estaba acostumbrada a vivir sola le dijo que no.

Por la mañana mi amiga fue a recoger a su tía a la central de autobuses y la llevó a casa de su mamá. Como tenía su propia llave no hubo necesidad de tocar a la puerta, así que pasaron. Antes de entrar a la recámara mi amiga le dijo desde lejos: "Mira mamá, qué sorpresa te traigo", refiriéndose a su tía. Como no obtuvo respuesta entró a la recámara y para su sorpresa, macabra sorpresa, la encontró ya muerta con los ojos y la boca abiertos.

Como quien dice ya se había despedido de la afición. Lo primero que se le ocurrió fue llamarme a eso de las siete de la mañana para decirme: "¿Qué crees que pasó? Creo que mi mamá ya se murió, ven para que me digas si es cierto". Yo me levanté y me fui para su casa a constatarlo. Tras llegar me di cuenta de que no había pasado mucho tiempo porque el cuerpo aún tenía un poco de calor y no presentaba la rigidez cadavérica. En ese momento decidimos acudir al ISSSTE, la institución de la que era derechohabiente, para pedir la asistencia de un doctor que expidiera el certificado de defunción. Allí nos dijeron que tenían mucho trabajo y que probablemente acudirían hasta en la tarde. Un poco desanimadas nos regresamos a la casa; pero como queríamos terminar lo más pronto posible llamamos al servicio de urgencias contratado por la señora. Lo que no tomamos en cuenta fue que ellos no podían darnos el certificado de defunción porque ninguno era su médico tratante. Tampoco sabíamos que el protocolo les indica reportar al ministerio público cualquier defunción y así lo hicieron.

Para no hacer el cuento largo en menos de quince minutos llegaron cuatro personas y empezaron a hacer toda clase de preguntas. Yo me puse nerviosa, así que dirigiéndome con el que supuse era el jefe de ellos le pregunté a qué se debían tantas interrogaciones. El me preguntó qué era de la fallecida. Yo le dije que sólo era la amiga de la hija. "Entonces usted no opine", me contestó muy tajante.

Pasó un rato y empezaron a revisar el cadáver y a tomarle fotos. Fue ahí cuando me di cuenta que, por los golpes y moretones producto de una caída, iba a ser muy fácil sospechar que la habían matado a golpes. Y me empecé a poner más nerviosa. Ya me veía yo detenida y haciendo declaraciones en el Cereso como sospechosa de asesinato. En eso estaban cuando se me prendió el foco y me acordé del doctor Estrada Quesada. Él es un doctor al que conozco desde hace mucho tiempo, incluso llegué a trabajar con él. Como sabía que ahora era médico legista, le llamé para explicarle la situación y ver qué me recomendaba. Me dijo: "Licha, pregúntale al agente del ministerio público su nombre". Yo, muy envalentonada por sentirme apoyada, le pregunté su nombre. Cuando me lo dijo le pasé el dato al doctor Estrada quien todavía estaba al teléfono. Él me dijo que se lo pasara así que le di el teléfono al agente.

Después supe que le había dicho al del ministerio público que esa paciente era suya, que los moretones se debían a una caída que había sufrido y no había delito por perseguir; él iba a extender el certificado de defunción más tarde. Dicho esto los agentes se retiraron de inmediato. A mí me volvió el alma al cuerpo y pude respirar tranquila. Lo que pasó después fueron meros trámites para llevar el cuerpo a la funeraria e incinerarlo. Ya la difunta había dejado todo arreglado y pagado. Sólo había que escoger la urna. Al día siguiente acompañé a mi amiga a la misa y depositamos la urna en un nicho en la iglesia.

Gracias a Dios todo salió muy bien; pero si pasamos un mal rato. También gracias al doctor Estrada Quesada que nos ayudó a salir de este problema.

LA GENEROSIDAD DE MIS AMIGOS

Una temporada de mi vida trabajé en un laboratorio de medicinas y la verdad que no me arrepiento pues aprendí mucho, viajé mucho y en lo económico me resolvió por un tiempo mis necesidades básicas, como se dice comúnmente.

Dentro de la compañía me desempeñé en diferentes áreas, entre ellas la de anestesiología, diálisis y bombas de infusión. Para los que no estén familiarizados con este aparato les explico: es la cajita que tienen en los hospitales al lado de la cama, por donde pasa la manguerita del suero; su función es la de controlar las gotas por minuto, las que va a pasar el suero.

Resulta que cuando estaba yo haciendo promoción de estas bombas me llamaron para ponerle un suero al esposo de una amiga. Unos años atrás le habían hecho un trasplante de hígado y al final tuvo un cáncer, fue lo que terminó con su vida. Como eran personas que se atendían en La Jolla, en Estados Unidos, se me ocurrió, para que no me fueran a apantallar, llevarme la bomba de infusión que traía para las demostraciones y la capacitación que daba a las enfermeras. Cuando el paciente me vio con el aparato me preguntó de quién era. Le dije que la bomba de infusión le pertenecía a la empresa en donde trabajaba en ese momento. Él me preguntó por qué no compraba una y le dije que no sabía de qué bolsa podría sacar el dinero, si de la izquierda o la derecha. Fue entonces cuando me preguntó: "¿Cuánto vale?". Al decirle el precio (se cotizaban en dólares) llamó a la esposa, mi amiga y le dijo: "Dale a Alicia el dinero para que se compre una bomba de éstas. Finalmente la va a utilizar conmigo, yo la voy a necesitar para que me ponga los sueros cuando me los receten".

Muy contenta llegué a la oficina del laboratorio y les dije que necesitaba una bomba de infusión. El gerente me preguntó para qué la quería, yo le dije que era para mí. "¿Y cómo la piensa pagar?", dijo. Sacando los dólares que me habían dado expresé: "así", y los puse en su escritorio (silencio en las filas)... y me entregó mi bomba.

En efecto usé la bomba con mi paciente tan generoso. Cuando murió, su esposa me preguntó cuánto me debía y le contesté que cómo le iba a cobrar si su marido me había regalado la bomba. Ella me contestó que ese era un trato entre su marido y yo; no tenía nada que ver con ella. Se lo agradecí mucho, al igual que a su marido. Para mí fue una gran adquisición, me ha ayudado a mejorar mi trabajo profesional. Gracias amigos por darme ese plus.

LA VOCACIÓN ERRADA

Hablando de la bomba recuerdo una vez cuando la tenía rentada con una paciente en fase terminal. Élla tenía una situación familiar muy complicada. Veníamos Lisy, mi hija y yo de algún lado, no recuerdo de dónde, cuando me llamó una de las hijas de la señora para ver si podía ir a revisarla porque le parecía que ya no respiraba. Entrando a la casa le dije a Lisy que me esperara en la salita de la entrada. Ya en la recámara confirmé que en efecto, la señora ya había muerto, sin embargo, para tranquilidad de los familiares hice algunas maniobras para "confirmar" el fallecimiento, aunque obviamente no era necesario. Me he dado cuenta de que en algunos casos esto ayuda a que los familiares empiecen a aceptar la partida y vayan iniciando su proceso de duelo. Después de unos momentos en los que utilicé el estetoscopio y "tomé" la presión, les dije a las hijas que su mamá ya se había muerto.

Abusando de mi niña Lisy, le hablé para que me ayudara a preparar a la señora. En ese momento las hijas se salieron del cuarto para llamarles a los demás familiares. Al entrar mi hija en la recámara le expliqué de qué manera me podía ayudar. Por cierto, venía algo nerviosa, era la primera vez que veía a una persona muerta. Empezamos a vendarle la mandíbula y a cerrarle los ojos, se hace para que cuando empiece el rigor propio de los cadáveres no se queden abiertos. Lo primero que me dijo la pobre fue: "qué fría está mamá". "Pues sí, mijita", le respondí. "Si está muerta no puede estar calientita ¿verdad?". Luego le quité el suero y guardamos la bomba de infusión. Es como la joyita de la central de enfermeras y nos sirve tanto. Además cuesta muy cara como para descuidarla.

Siempre he pensado que Lisy hubiera sido muy buena enfermera o doctora si se hubiera decidido a estudiar alguna de estas carreras. Ella tiene una cualidad que es importante en cualquier profesión: el sentido común. Nada se puede sin esta cualidad que nos hace poner en orden las prioridades; ir solucionando primero el uno y después el dos o lo que es lo mismo primero la a y después la b.

Una vez arreglado todo con la familia nos salimos. Yo con la bomba en mano y Lisy con una experiencia más de vida, o de muerte, ya no sé de qué. Esto hay que vivirlo de alguna manera y si ensayas con una persona que no es de tu familia o con la cual no tienes mayores vínculos que los profesionales, es mejor.

Gracias Lisy por seguirme el juego y apoyarme en todo.

EL GOL DE GÜICHO

Güicho era un niño que estuvo internado en el IMSS en el departamento de oncología. Era un pequeño al que le encantaba el futbol y además admirador de los jugadores del Club Santos Laguna, en especial de Rodrigo "el Pony" Ruiz, quien dicho sea de paso es una persona muy humana: no duda en ayudar cuando se solicita su presencia como visita de algún niño enfermo. En una ocasión le llamaron para que fuera a ver a Güicho. Ahí en el hospital "el Pony" le preguntó qué quería de regalo, a lo que el niño respondió que un gol. El día del partido llevaron una televisión para que viera el juego. El problema era que apenas se enderezaba, ya estaba muy débil; pero con la ilusión de recibir su gol hasta se sentaba en la cama.

Inició el juego, pasó el primer tiempo y "el Pony" no metía el gol. Ya se había juntado un grupito de otros niños, enfermeras y médicos para ver el partido alrededor de la televisión. Ya casi para terminar el partido, milagrosamente el Pony anotó el famoso gol y cuando las cámaras de la televisión le tomaron un acercamiento, se levantó la playera del uniforme y en una camiseta traía un letrero que decía: AHÍ ESTÁ TU GOL, GÜICHO. ¿Cómo la ven? Obviamente todo mundo emocionado gritó un larguísimo ¡Gol!

Ahí no paró todo, el Pony saliendo del estadio vino de nuevo al hospital y le llevó el balón del gol firmado por todos los jugadores, además de una camiseta del Santos. ¡De verdad que si hay gente buena en este mundo! Por cierto, a los poquitos días Güicho murió y nos contaron que lo enterraron con su camiseta y su balón.

Esta experiencia muestra cuán felices podemos hacer con pequeños detalles a nuestros semejantes quienes se encuentran enfermos. Por supuesto que lo que hizo el Pony por Güicho fue más que un pequeño detalle. El punto es que no necesitamos ser famosos ni hacer grandes cosas para hacer sentir bien a la gente que lo necesita. Muchas veces con sólo visitarlos, platicar y pasar un rato con ellos hacemos una gran diferencia en su estado de ánimo y eso es algo que cualquiera puede hacer.

UN PORTERO DE PRIMERA

Siguiendo con las historias de futbol y lo mucho que se puede ayudar a nuestros semejantes les platico la historia de un muchacho de quince años, más o menos, que tenía un tumor maligno y estaba internado en el IMSS. El tumor lo tenía en la cara y siempre traía un cubrebocas para que no se le notara tanto.

Una ilusión que él tenía y que nunca había cristalizado era ir a un partido de futbol al estadio del Santos (en ese entonces todavía no se construía el nuevo). Hicimos los trámites pertinentes para pedir permiso y entrar a un juego, el de una liga muy importante, no era el torneo regular, era algo así como el Torneo de las Américas. Como pueden ver estoy muy enterada del futbol ¿verdad?

El caso es que le pedimos permiso al jefe de oncología para sacar al muchacho del hospital y por fortuna nos dijo que sí; pero que nos lleváramos la jeringa con la morfina para inyectarlo en caso de que tuviera dolor, además ordenó que no le diéramos nada de comer ni de beber y si se ponía mal debíamos traerlo al hospital luego lueguito.

Entonces nos fuimos todos en loco tropel: el paciente, su mamá, mi hija Lisy, encargada de los trámites; Susana, una amiga que trabaja de voluntaria en el hospital y yo. Por supuesto cuando llegamos al estadio ya había una gran multitud queriendo entrar, nosotras nos abrimos campo junto con el muchacho, él iba en silla de ruedas diciendo con permiso, con permisito y así llegamos a la entrada. Ahora el reto era ingresar al estadio. Lisy se adelantó para hablar con uno de los guardias de la puerta que daba a plateas. Según pensamos iba a ser más fácil entrar por ahí con todo y la silla de ruedas. El resto de la comitiva se quedó esperando a cierta distancia. Conforme Lisy hablaba nos dimos cuenta de que el guardia nos volteaba a ver de manera constante. Poco después le pidió que esperara y se metió. Yo pensé que ya no iba a darse la oportunidad de entrar y nos empezamos a desilusionar, entonces apareció y nos dijo que podíamos pasar. ¡Estábamos encantadas!

Una vez adentro le pregunté a Lisy cuánto iba a costar la entrada. Ella me contestó que nada. "¿Nada?", le pregunté. "Sí, nada". "¿Y dónde nos vamos a sentar?". Con mucha seguridad me contestó: "Ahorita arreglamos eso. Por lo pronto ya entramos", dijo. Resulta que la gente apenas estaba empezando a entrar y gran parte del estadio aún estaba vacío, así que buscamos unos lugares que nos parecieran convenientes para acomodarnos junto con la silla de ruedas. Nos instalamos en plateas. Nada perdidas andábamos, ¿verdad?

Por supuesto en un rato llegaron los dueños de las plateas y nos dijeron que nos teníamos que mover pues eran sus lugares. Ahí intervino de nuevo mi hija. Ella se paró y les explicó la razón por la que nos encontrábamos en el estadio, sobre todo en sus lugares. Las personas se portaron muy amables y accedieron a sentarse en otro lado. De verdad les quedamos muy agradecidas por el gesto de bondad que mostraron. Lo apreciamos mucho porque dos de los propietarios de los lugares acabaron sentándose en las escaleras; a otro le tocó ver el juego sentado sobre una de las hieleras de cerveza que estaba en uno de los pasillos.

El partido comenzó y el muchachito estaba encantado. De repente le dijo a la mamá que quería comer pizza y refresco de naranja. Volteó Lisy conmigo y me preguntó: "¿qué hacemos, mamá?". Yo le respondí: "Nada, mijita, que se la den". Y dicho y hecho. ¡No saben cómo lo disfrutó! Y no sólo me refiero a la pizza y el refresco, todo el partido estuvo muy emocionado y atento a lo que pasaba. Incluso llegó un momento en el que dijo que le gustaría mucho tener una playera firmada por los jugadores. La había llevado con esa idea en mente. Yo le dije que veríamos qué podíamos hacer. Cerca del final se empezó a sentir mal. Y como nos habíamos comprometido con su doctor en regresarlo al hospital en cuanto mostrara síntomas de dolor, nos dispusimos a prepararnos para salir de ahí. En eso estábamos cuando Lisy me preguntó por la playera con las firmas pendientes, yo le dije que la verdad ya no teníamos tiempo; nos arriesgábamos a que su estado epeorara y debíamos aprovechar que el partido no se había terminado, para tener la menor cantidad de problemas posible al salir.

"Préstamela", me dijo. "Ustedes vayan sacándolo. Mientras yo voy a ver si consigo algo". Yo accedí con la esperanza de conseguirle su playera firmada. Mientras lo sacábamos del estadio, Lisy se fue a hacer guardia a la entrada de los vestidores para ver si convencía a algún jugador de que firmara la prenda. Resultó que los jugadores habían entrado por otro lado y no pudo ver a ninguno. Como vió que era su última oportunidad, decidió tocar la puerta para ver si obtenía alguna firma. Se sorprendió al encontrar la puerta abierta y se decidió a entrar. Ahí dentro se encontró con que algunos jugadores ya estaban en paños menores; ya se estaban metiendo a las regaderas. La rechifla y la algarabía no se hicieron esperar en cuanto se dieron cuenta de que había una mujer en el vestidor. Al momento empezaron los gritos de "¡Que se salga!", "Cierren esa puerta" y otros. En eso estaba cuando un jugador, Cristian Lucchetti (según supe después) se acercó para averiguar por qué estaba ahí. Lisy le explicó el motivo dándole la playera para que la firmara, a lo que Cristian accedió. "Pero voltéate hacia la puerta porque ya hay varios en las regaderas y no tardan en salir". Cuando tomó la playera y se dio cuenta de que era una playera blanca común y corriente dijo: "Pero esta playera no. Yo le doy la mía". Así que se quitó su playera de portero y les gritó a los jugadores: "Venga. Vamos a ayudar a este pibe". Él se encargó de juntar las firmas de todos los jugadores. Una vez que terminó le dio la playera a Lisy y ella contentísima salió de los vestidores, no sin antes de agradecerle tan buen gesto al jugador.

Cuando finalmente salió Lisy del estadio, playera en mano, el partido ya había terminado y nosotras la estábamos esperando en la camioneta, listas para irnos de ahí. No les puedo describir la cara de felicidad que puso el muchacho cuando le dieron la playera. Además no era la que él había llevado sino la de un jugador firmada por todos lados. Recuerdo muy bien el número uno que tenía estampado. Ahora teníamos otro problema: el muchacho cada vez se quejaba más del dolor y aquello se volvió un tumulto de carros por salir. Yo me empecé a preocupar por la salud del chico, pero en un determinado momento y por una razón inexplicable se abrió un hueco entre los carros, lo que nos permitió salir de volada. La mamá del muchacho dijo que el ángel de la guarda de su hijo nos había abierto el camino. Yo pensé: "claro que sí, ¿por qué no?".

Llegamos al hospital y entregamos a nuestro paciente con algo de dolor pero encantado de haber ido al partido. Su mamá se encontraba agradecidísima. A la mañana siguiente fuimos a ver al jefe de oncología para agradecerle el permiso que nos había dado. Además le platicamos lo que contrario a sus indicaciones le habíamos dejado hacer (comer pizza y beber refresco). "Bueno", dijo, "total ya está hecho, no le pasó nada y tal vez ya no le queda mucho tiempo de vida".

Yo siempre he estado a favor de cumplirles sus gustos a las personas en fase terminal. De todos modos ya no se pueden poner peor. La mayoría de las veces sólo llegan a dar pequeñas probadas o sorbos, según sea el caso, a su comida o bebida favorita. Resulta difícil que este hecho les afecte su salud ya de por sí deteriorada. Yo creo que se trata de darles las mayores comodidades posibles. Sobre todos darles todo nuestro amor. ¿No están ustedes de acuerdo?

CÁTEDRA DE CÓMO MORIR

Este señor era un buen amigo de mi papá. Incluso le ayudaba con la escuela de los niños sordos que mi padre había fundado hacía muchos años. Fue también durante mucho tiempo el administrador de la Clínica del Club de Leones, cuando se llamaba así. Ahora cambió a Hospital Club de Leones. Yo le guardo un cariño especial a este nosocomio porque cuando era niña mi papá nos llevaba de visita con las monjas que antes había. Nos daban de desayunar mientras mi papá pasaba vista a sus pacientes internados o mientras los daba de alta.

La cuestión es que el señor José Rodríguez Damy enviudó en un mes de junio y para noviembre de ese mismo año le diagnosticaron cáncer de esófago. Después de la cirugía regresó a Torreón, no sin antes empezar a planear su nueva vida. Todo iba a cambiar de ahí en adelante.

Lo primero que consiguió fue que todos sus hijos lo acompañaran a la Ciudad de México cuando se fue a operar. Después habló con su hija mayor para decirle lo que iba a hacer, firmarle lo pertinente así como darle poder en la chequera, entre otras cosas. Vendió su negocio, sin dificultad, dado que era una empresa con todo en orden. Después de hacerlo compró una casa. Creo que más como inversión que otra cosa y se instaló a vivir ahí.

Desde hacía muchos años tenía una señora cuyo papel era el de ama de llaves. Esta señora lo atendió hasta su muerte. Tengo entendido, por cierto, que al morir él ella recibió una indemnización. Incluso antes la había ayudado a pagarles la carrera a sus hijas y a ellas les consiguió trabajo de contadora en algunas empresas de sus conocidos. Don Pepe era un gran filántropo, daba todo por sus semejantes. Trabajó a favor de muchas instituciones como la Escuela Técnica Industrial y la Clínica Club de Leones, entre otras. Se contaba una anécdota: había una muchacha en el banco en dónde él trabajaba; era bizca, muy bizca, y cuando le preguntó por qué no se había atendido, ella le dijo que en el IMSS le habían dado largas y nunca le habían puesto una solución. Él tomó por su cuenta el caso y la llevó a la Clínica del Club de Leones en donde fue operada y le corrigieron el problema. Un año después llegó a visitar a Don Pepe para darle las gracias porque corregido su problema hasta se había casado y ya tenía un bebé.

Pasaron varios años durante los cuales don Pepe padeció las secuelas de su enfermedad hasta que se puso muy mal. Tuvo metástasis en el hígado. Llamó a su hija mayor para decirle que le parecía ver el final llegando y empezó a dar instrucciones. Fue durante este tiempo cuando yo lo atendí y créanme, me dio cátedra de cómo morir.

Por principio de cuentas, como el médico que lo atendía era su sobrino, le pidió que no compartiera con nadie el diagnóstico y el pronóstico hasta que don Pepe le diera permiso. Supongo no quería hacer sufrir de más a nadie de su familia, ni que lo forzaran a hacer cosas que él no deseaba hacer, como hospitalizarse o llevar al cabo lo que llamamos maniobras heroicas. Pienso que él ya tenía decidido lo que quería para su final.

Cuando yo lo atendía ya estaba en su casa. No se quería morir en ningún hospital y para estar más cómodo había pedido que le llevaran una cama de hospital. Ahí en su casa tuvo tiempo de planear todo. Habló con su contador, su hombre de confianza para darle instrucciones. Ahí lo visitaban todos sus hijos. Cuando yo llegaba a atenderlo siempre tenía un buen surtido de chocolates. A mí me encantan. Siempre me decía: "llévate unos para el camino" y yo le hacía caso. Cada vez que lo atendía platicábamos un rato y después me iba para seguir trabajando. Esto era al principio porque después ya tenía mucho dolor y otras molestias y ya no quería ni hablar.

Con sus hijos se puso de acuerdo para distribuir sus bienes junto con las cosas de la casa. Los muebles son para... los libros son para... los videos que él había grabado de películas o series para... etcétera. Después habló con el sacerdote de su confianza quien casi todos los días lo visitaba; le dio instrucciones de la misa y de la ceremonia de las cenizas porque también había decidido que lo cremaran. Con el contador se puso de acuerdo para la redacción de la esquela del periódico cuando llegara el momento de publicarla. Habló con todos sus hijos.

Cuando ya estaba todo listo mandó llamar a su sobrino, su doctor de cabecera, y le dijo que ya no soportaba el dolor. El doctor le recetó el medicamento para remediarlo. Unos días después de que murió, y siguiendo sus instrucciones, llegaron a mi casa dos de sus hijas con un regalo para mí. Eran unos chocolates y una bolsa de piel, ambos los había escogido él mismo. Luego supe que al doctor Billy Siller, su sobrino, le compraron una pintura muy bonita y tengo entendido que le gustó mucho.

¿Cómo ven? Todo lo dejó arreglado antes de su partida y hasta a mí me tomó en cuenta. Todo bien organizado y dispuesto. Como dije, una cátedra de cómo morir.

5

TANATOLOGÍA

No hablar de la muerte con un paciente terminal
es como no hablar del parto con una mujer embarazada.
Ambos tendrán forzosamente que descubrirlo.
Anónimo

Durante toda mi vida profesional muchas veces me preguntaba qué decir cuando los familiares o los pacientes me preguntaban ¿me voy a morir?, ¿se va a morir mi papá o mi mamá? No sabía a ciencia cierta cómo responder. Muchas veces te sacabas de la manga la clásica respuesta (en realidad era una manera de evitarla): "claro que sí, y yo y el doctor también". Pero enseguida siempre decían "si, pero yo me voy a morir más pronto ¿no?".

Ante tal inquietud me puse a investigar qué había de literatura sobre el tema y me encontré con algo que, aunque no estaba muy difundido, ya se les había ocurrido a muchas personas y había muchos libros al respecto. En ese tiempo yo viajaba por trabajo tres días del mes a la ciudad de Durango. En una de las visitas al Hospital Universitario leí en un poster el anuncio de un diplomado de Tanatología, lo iba a impartir el doctor Alfonso Reyes Zubiría. Después supe que fue el primer tanatólogo y el fundador de la Asociación Mexicana de Tanatología A.C. Además de su presidente vitalicio. Las clases las daba cada quince días ahí mismo en el hospital. Así inicié el diplomado.

Era muy pesado ir a Durango cada quince días pero yo me quería enterar de todo para dar respuestas adecuadas a mis pacientes. Un día me llamaron de la Universidad Iberoamericana para decirme que se habían enterado de que yo estaba tomando el diplomado de tanatología en Durango; estaban interesados en impartirlo en las aulas de la universidad. Yo acudí a la cita y me entrevisté con ellos. La entrevista fue satisfactoria así que me mandaron a Monterrey, a la extensión universitaria ubicada en esa ciudad, para conocer los planes de estudio presentes allá y así poder implementarlos aquí.

Finalmente hicimos el diplomado de tanatología, se abrió en la Ibero Torreón y me nombraron coordinadora del proyecto. Fueron dos años los que participé como coordinadora. A veces sufriendo las relaciones con los maestros porque de repente se comprometían para dar una clase y un día antes cancelaban alegando otro compromiso. Yo tenía que salir corriendo a buscar un maestro suplente. Ahí conocí a muchas personas que habían perdido a un ser querido: Mamás a las que se les había suicidado un hijo; otras que lo habían perdido por leucemia u otra enfermedad; esposas cuyos maridos habían muerto de un infarto o con otras muertes repentinas; personas con hermanos desaparecidos; muertos a causa de accidentes y un largo etcétera. Después de diez meses de haber iniciado mi diplomado de tanatología en Durango recibí mi certificado. Debo decir que la experiencia en ambos lados fue tan enriquecedora que aprendí muchísimas cosas acerca de este tema, todas cada vez más importantes.

El tema de la muerte es uno del que no es fácil hablar, por lo menos en la sociedad en la que vivimos. Por este motivo los eufemismos alrededor de este concepto son muchísimos. Van desde los chuscos: chupar faros, estirar la pata, pelar gallo, se lo chupó la bruja; a los serios: felparse, pasar a mejor vida; pasando por los que de plano evitan a toda costa mencionar este proceso natural con su nombre real: la muerte. Y al referirse a la muerte, como sustantivo, la cantidad de sobrenombres es aún mayor. ¿Quién no se ha referido a ella como la calaca, la tilica, la parca, la huesuda, la catrina, la calavera y un larguísimo etcétera?

Todo lo anterior cobra sentido a la luz de la idea equivocada de lo que es la muerte. Estamos acostumbrados a concebir la muerte como algo malo. Existe la tendencia a verla como una enemiga. El concepto de mucha gente es que ésta llega como resultado de perder una batalla contra algo que nos quiere separar de lo que más amamos, no sólo de nuestros seres queridos sino literalmente de todo lo que tenemos y nos rodea. Nada más alejado de la realidad. La muerte no es consecuencia del fracaso en continuar viviendo. Muy por el contrario: la muerte es algo natural, nos llega a todos sin excepción y lo puede hacer en cualquier momento. No es exclusiva de los ancianos ni de los enfermos terminales. Todos estamos expuestos a que nos sorprenda en cualquier momento. Hace algunos años gente como Elizabeth Kübler-Ross (referente obligado en el tema de la tanatología, fue uno de sus pioneros más destacados) ha introducido el concepto de la muerte no sólo como algo natural sino como una parte importante de la vida misma. Es por esto que el verdadero enemigo a vencer no es la muerte, los verdaderos enemigos a vencer son la ignorancia que se tiene acerca de ella y el concepto que se tiene de la vida. Esto es más difícil de hacer mientras menos estemos dispuestos a hablar del tema. Ignorar la muerte no sólo nos hará sufrir de manera innecesaria al vernos cerca de esa situación inevitable; también sufriremos al experimentar la muerte de nuestros seres queridos.

Como mencioné con anterioridad, el miedo y las dudas relacionadas con la muerte son las principales causas del rechazo a tratar el tema. Sin embargo estoy convencida de que abordarla con una plática abierta, sin prejuicios y desde un punto de vista positivo, es la mejor manera de aclarar en lo posible las dudas. En esa medida se le irá perdiendo el miedo tanto a la propia muerte como a la de la gente que más amamos.

EL MIEDO A LA MUERTE

La muerte no existe, la gente sólo muere cuando la olvidan;
si puedes recordarme, siempre estaré contigo.
Isabel Allende **(1942-) Escritora chilena**

Detengámonos un momento y pensemos: ¿miedo a qué? La respuesta a esta pregunta es un buen inicio para comenzar a platicar del tema. Desde luego cada persona es diferente y también lo son sus miedos. En este capítulo voy a comentar los más comunes. Sin embargo si al leer esta lista que elaboro no encuentra referencia a alguno que tenga usted en lo particular, no se preocupe. La manera de trabajar con estos miedos es muy similar en casi todos los casos y normalmente se puede clasificar en cualquiera de las tres categorías que le comento más adelante.

EL MIEDO A LO DESCONOCIDO

No basta con pensar en la muerte, sino que se debe tenerla siempre delante. Entonces la vida se hace más solemne, más importante, más fecunda y alegre.
Stefan Zweig **(1881-1942) Escritor austriaco**

La inquietud de no saber qué va a pasar con nosotros o con nuestros seres queridos después de la muerte es totalmente natural. Hasta donde se sabe, nadie ha regresado de la muerte para platicar cómo le fue o qué hay "del otro lado" como para ayudar a tranquilizarnos en este aspecto. Estaría muy bien que llegara a suceder de manera inequívoca; pero mientras esto no pase vamos a tener que trabajar con la incertidumbre de qué es lo que nos espera una vez muertos. La inquietud acerca de qué sucede después de morir es, definitivamente, la más antigua de las preocupaciones del hombre y es una de las causas fundamentales, creo yo, por la que el hombre ha desarrollado el concepto de religión.

Cuando platiquemos de este tema, ya sea con familiares y amigos o con alguna persona en etapa terminal, siempre debemos de respetar las creencias religiosas de todos ellos, incluso aquellas de quienes se consideran ateos o de plano no tienen ninguna. Nunca es el papel de nadie juzgar a otras personas, mucho menos en lo que a sus creencias se refiere. En el momento se trata de perder el miedo utilizando la plática tranquila para familiarizarnos con el proceso de la muerte.

Volviendo al tema del temor a lo que va a pasar, podemos expresarlo en función de las siguientes preguntas: ¿Qué pasará con mi alma cuando yo muera?, ¿existe el paraíso y el infierno?, ¿habré vivido mi vida de manera que pueda acceder al paraíso? En el caso de personas que no tienen ninguna creencia religiosa las preguntas pueden ser más bien por la vertiente de un ¿habrá valido la pena mi vida?, ¿qué va a pasar con mis seres queridos cuando yo no esté?

Otro temor que podemos incluir en esta categoría es el de inspirar compasión al separarse de su familia y amigos. Es importante hacerlos sentir que no se les abandonará. Este es el temor a ser abandonado, a la pérdida de identidad propia o a morir privado de dignidad.

En el punto de la muerte las dos cosas más importantes son: cómo hemos vivido y cómo nos encontramos mentalmente en ese momento. Entender a cabalidad estos dos conceptos es de fundamental importancia para vencer nuestro miedo a lo que va a pasar. Nuestra vida, ese conjunto de vivencias y experiencias que hemos acumulado durante años, vuelve a nosotros cuando nos sabemos cercanos a la muerte. Cualquier médico les puede decir que la mejor medicina es la preventiva. Bueno, en este caso la mejor medicina para la muerte, por así decirlo, es cómo vivamos nuestra vida. Aprovechemos la oportunidad que tenemos cada día para prepararnos para el momento de nuestra muerte. Hay una gran cantidad de cosas que podemos hacer para lograr este cometido. Si tenemos algún distanciamiento con algún ser querido acerquémonos y de ser posible enmendemos nuestras diferencias. Aún en los casos en los que no lo logremos nos quedará la tranquilidad de haberlo intentado con sinceridad y de paso dejamos la puerta abierta para que la otra persona se acerque, si así lo desea, en algún momento en el futuro. Analicemos qué apegos tenemos y desprendámonos de ellos para que estos no se conviertan en un lastre que nos impida lograr un estado mental tranquilo y relajado cuando nos sintamos cerca de la muerte. Coleccionemos momentos. Al fin y al cabo ¿no es la vida una sucesión de estos? Disfrutemos de las cosas sencillas que nos ofrece la vida a cada momento. Es en la medida en que aprovechemos cada uno de estos momentos como nos sentiremos más satisfechos con el modo en que hemos vivido, y más fácil nos será asimilar nuestros últimos instantes.

Si bien esto funciona de manera efectiva como "medicina preventiva" para nosotros, manejar el miedo de un ser querido es diferente. En estos casos debemos acercarnos con nuestro familiar o amigo con una actitud que nos permita conectarnos, tratar de tranquilizarlo en la mayor medida y, en lo posible, ayudarle a vencer ese miedo. En muchas ocasiones en nuestro afán de proteger a nuestro ser querido evitamos decirle que está próximo a morir. Esto en la mayoría de los casos es un error. Nos debemos concentrar no en decidir si se lo comunicamos o no, sino en cómo lo debemos hacer. Tarde o temprano el paciente se dará cuenta de que está muriendo y para entonces quizás sea demasiado tarde permitirse una transición tranquila en este proceso.

Es muy común que los familiares cercanos al paciente no comprendan a cabalidad las necesidades ni el proceso emocional por el que está pasando, por lo que con frecuencia no saben qué hacer en estas situaciones. Para que este acercamiento tenga mayores probabilidades de tener éxito primero debemos comprender las necesidades del moribundo, después debemos iniciar un acercamiento con la persona. Tomar en cuenta lo anterior con el propósito de permitirle sanar sus relaciones y entrar en un proceso de desprendimiento tanto físico como mental.

LAS NECESIDADES DEL ENFERMO TERMINAL

Elizabeth Kubler-Ross hace una lista de las necesidades del enfermo terminal. También hace hincapié en conocerlas para poder, de esta manera, estar en una posición de cubrirlas. Estas necesidades son las siguientes:

1) Necesidad de seguridad. El mayor temor de una persona cercana a la muerte no es el saber que se está muriendo, sino sentirse rechazado o abandonado en ese momento; por esto debemos hacer todo lo posible para que el paciente no se sienta así.
2) Necesidad de estar acompañado por sus seres queridos.
3) Necesidad de estar informado. Esto implica saber cuál es su situación exacta, la evolución de su enfermedad, qué esperar, el tiempo que tiene disponible, los tratamientos disponibles y sus consecuencias, etcétera. Si a un enfermo no se le informa del modo adecuado acerca de la situación que guarda su salud, puede tomar decisiones equivocadas, no sólo en relación con su tratamiento y cuidados, también en otros ámbitos de su vida que pueden repercutir de manera negativa en sus sobrevivientes.
4) Necesidad de resolver sus asuntos pendientes. Esto se trata de la reconciliación con un pasado no aceptado hasta ahora. Ya que la muerte no acepta más aplazamientos para resolver estos problemas, se deben afrontar lo más pronto posible para permitir una transición en paz.
5) Necesidad de ser escuchado. Se debe dar oportunidad al paciente terminal de comunicar todas sus dudas y sus miedos conforme va avanzando su enfermedad para ayudarle a superarlos. También debemos estar pendientes de sus deseos y cumplirlos en la medida de nuestras posibilidades. En incontables ocasiones me ha

tocado ver cómo los deseos de los pacientes de regresar a su casa, pues no desean morir en un hospital, llegan a oídos sordos tanto de sus familiares como del personal médico; terminan muriendo en el hospital, lo contrario a lo que ellos querían. Peor aún: he visto como algunos pacientes estando en su casa y sabiendo que su muerte es inminente son llevados, en contra de su voluntad, a un hospital donde mueren poco tiempo después sometidos a todo tipo de procedimientos molestos y dolorosos que tienen poco o ningún efecto en su salud.

Una vez identificadas estas necesidades debemos empezar a hacer lo necesario para el acercamiento con el enfermo. Independientemente de la personalidad y relación entre el paciente terminal y de la persona que desea comunicarse con él, el acercamiento se debe realizar con paciencia, mucho amor y teniendo en cuenta sus necesidades y deseos. Nunca se debe apresurar u obligar al moribundo a que hable, resultaría contraproducente. Sólo le causaríamos dolor y mortificaciones innecesarias.

Podemos, por ejemplo, invitarle a que nos platique de su vida, de sus logros y fracasos; qué lecciones aprendió de todo esto; qué le gustaría decir a sus familiares o amigos. Siempre debe prevalecer la disposición a escuchar lo que nos tenga que decir y hacerle saber que no se le va a juzgar ni a discriminar ni a querer imponer ninguna idea que no desee él mismo aceptar. Quiero hacer hincapié en esto porque es de la mayor importancia para poder conectarnos con el paciente: debemos escuchar lo que sea que nos quiera decir con amor, sin juzgar. Cuando convertimos el acercamiento en una batalla que debe ser "ganada" o cuando nuestro objetivo es que la otra persona cambie, de la manera que sea, estamos irremediablemente condenados al fracaso y la más perjudicada será la persona próxima a morir. Debemos realizar esto conscientes de nuestros temores. Es normal tener miedo a ser rechazados o a que nos hagan daño de nuevo; pero debemos vencer nuestros miedos y fijar objetivos realistas que tengan como propósito ayudar a nuestro ser querido.

Una vez que se logra esta comunicación pueden surgir viejas penas, rencores o recriminaciones que den lugar a tensiones o conflictos, de ahí el temor a que la enfermedad del familiar sea causa de tensión entre sus familiares, y a que ésta no desaparezca después de la muerte. Debemos poner todo de nuestra parte para eliminar estos temores en el paciente y evitarlos lo más posible.

EL MIEDO AL DOLOR

"Mis ovejas oyen mi voz, y yo las conozco, y me siguen, y yo les doy vida eterna; y no perecerán jamás, ni nadie las arrebatará de mi mano. Mi Padre que me las dio, es mayor que todos, y nadie las puede arrebatar de la mano de mi Padre."

Juan 10:27-29

Este temor es sin ninguna duda total y completamente comprensible. Nadie desea estar en una situación dolorosa. Como punto de partida tenemos que aceptar que cuando enfermamos o envejecemos la pérdida de algunas de nuestras facultades o el deterioro de nuestro cuerpo implican, necesariamente, en mayor o menor grado la experiencia del dolor. Sin embargo este miedo se incrementa debido a la falta de información o a las suposiciones que hacemos. Hay una tendencia a pensar, sobre todo las personas enfermas, que en la medida del avance de la enfermedad también el dolor se incrementará. Esto no es una consecuencia inevitable; incluso en los casos donde sí crezca el dolor, existen una gran variedad de medicinas y tratamientos que se pueden administrar para que, si bien el dolor no desaparece, por lo menos disminuye y es más llevadero para el enfermo. Si nos informamos e informamos al paciente sobre lo que puede esperar como consecuencia de su enfermedad, muchas veces nos daremos cuenta de que las suposiciones al respecto están sobredimensionadas por nuestra ignorancia. Hay ocasiones en las que el enfermo terminal tiene más miedo al proceso de la muerte, por no saber qué esperar, que a la muerte misma. A este miedo o sufrimiento que aún no experimentamos físicamente se le llama sufrimiento innecesario. La mejor manera de evitarlo es con la información adecuada. Esta es una razón más por la cual el personal médico siempre debe mantener una comunicación estrecha y clara tanto con el paciente como con sus familiares. Otro aspecto importante que ayuda a vencer el sufrimiento innecesario está en lograr expresar todo aquello que nos preocupa, lo que nos atemoriza o lo que nos entristece. De esta manera abrimos la puerta a la posibilidad de recibir información que permita vencer estos miedos y así evitar sufrir. Es labor importantísima de todas las personas que rodean al moribundo, incluyendo al personal médico, promover y fomentar la comunicación, ya que de esta manera contribuimos a disminuir el sufrimiento tanto del enfermo como de sus seres queridos.

En esta categoría podemos incluir otro tipo de temores que están muy relacionados y que también debemos tomar en cuenta a la hora de empatar con el enfermo. Dependiendo de la enfermedad que le aqueje, el paciente puede tener miedo a la pérdida de partes de su cuerpo, a la invalidez, a perder el control de sí mismo o de sus funciones corporales o a perder autonomía en la toma de decisiones. Todo esto es muy válido y debe abordarse con mucho tacto y sensibilidad al comentarlo con el paciente; pero sobre todo con datos bien informados por parte del personal médico.

Otro aspecto importante dentro del concepto del miedo al dolor es lo concerniente al proceso de "dejar ir". Este proceso, que no es otra cosa que renunciar a nuestro apego natural a la vida, es fácil de entender pero mucho muy difícil de hacer. Tomemos como ejemplo situaciones por las que todos hemos pasado en algún momento en nuestras vidas: perder un trabajo, la muerte de un amigo o familiar, la muerte de una mascota, la pérdida de nuestra casa quizá por un siniestro como un temblor o un incendio; en fin, la vida siempre nos presenta situaciones en las que irremediablemente debemos renunciar a aquello a lo que le tenemos apego. Ahora pongámonos en el lugar de una persona con sus capacidades disminuidas por la enfermedad, alguien quien debe aprender a renunciar al apego a lo más preciado que tenemos, que es la vida. Haciendo este pequeño ejercicio tal vez podamos darnos una idea de lo difícil que es para quienes están próximos a la muerte pasar por esto. Así podemos contribuir lo mejor posible y acompañar en este proceso. Dicho sea de paso y volviendo al tema de la medicina preventiva, algo que podemos hacer por nosotros mismos es practicar "desapegándonos" de lo que nos rodea cuando la vida nos ponga en situaciones en las que perdamos aquello que apreciamos. Sin embargo el desapego no significa insensibilizarnos ante la pérdida de algo o alguien a quien amamos; significa más bien llevar un duelo proporcional a la pérdida que sufrimos.

EL DUELO

La muerte no nos roba los seres amados.
Al contrario, nos los guarda y nos los inmortaliza en el recuerdo.
La vida sí que nos los roba muchas veces y definitivamente.
***François Mauriac* (1905-1970) Escritor francés**

Cuando no se comprende el proceso de duelo y su poder sanador tras sufrir una pérdida, nuestras penas se empiezan a acumular muchas veces al grado de convertirse en una losa difícil, si no imposible, de cargar. Se interpone entre nosotros y la superación de este dolor.

El dolor que sufrimos ante una pérdida es proporcional al apego que sentimos por aquello que hemos perdido. Así, no nos sentiremos igual ante la muerte de un hijo como al perder una mascota o algún objeto material. De la misma manera sobreponernos al dolor llevará más tiempo mientras mayor sea éste. El proceso de duelo siempre es el mismo y se da en cinco etapas. Estas etapas tienen diferentes duraciones dependiendo de la persona y de la pena que se trate. Inclusive se pueden dar en un orden diferente, pero créanme, siempre pasamos por ellas. El hacer un esfuerzo consiente para recorrerlas nos dará la oportunidad de sanar y superar las diferentes pérdidas que se nos presenten en la vida.

Primera etapa: Negación. La reacción inmediata ante una pérdida dolorosa es negarla. Inconscientemente pensamos "si no existe no me duele". Sin embargo la realidad tarde o temprano se nos presentará y llegará el momento en el que no lo podamos negar. Es, por decirlo así, nuestra primera línea de defensa ante el dolor. En ocasiones también los mismos familiares entran en negación al conocer el diagnóstico de su ser querido. Esta posición no sirve de nada porque lo que realmente interesa es que el paciente se sienta apoyado por su familia. Si éste ve que sus familiares no creen que él esté enfermo, cuando haya superado la fase de negación le será imposible compartir sus sentimientos por temor a lastimar o enfadar a sus seres cercanos.

Segunda etapa: Ira. Una vez que la realidad no nos permite seguir negando la pérdida que hemos sufrido comenzamos con esta etapa, la de la ira. Nos enojamos con todo aquello que nos rodea, incluido Dios, independientemente de la religión que practiquemos. Podemos reclamarle el haber permitido que esto o aquello nos sucediera. ¿Por qué a mí? Es una pregunta que nos hacemos con frecuencia. Probablemente durante esta etapa es cuando nos resulta más difícil acercarnos a un ser querido que esté o haya experimentado una pérdida. Es fácil que el sentimiento de ira dé lugar a la envidia y empiece a proyectar su dolor en las personas que le rodean. Ésta es probablemente la etapa más difícil de superar y normalmente se hace permitiendo que el paciente exprese sus frustraciones y sentimientos, claro, con sus límites. Permitir esto no es un cheque en blanco que le entregamos para que haga lo que quiera.

Tercera etapa: Negociación. La tercera etapa consiste en una negociación con un ser superior para obtener una extensión de su vida, de capacidades o de cualquier otra cosa que se haya perdido; a cambio de algo que promete hacer. En esta etapa se dan expresiones como: "quiero vivir por lo menos hasta que se case mi hija"; "si recupero el uso de tal o cual facultad prometo hacer tal o cual cosa"; "si voy a morir, por lo menos permíteme hacer esto antes". En ocasiones se aferran a la esperanza de que por un milagro se descubra una cura para su padecimiento en el último momento. Todas estas expresiones son variantes de un solo concepto: estoy dispuesto a dar algo a cambio por no perder aquello que ya no tengo, aunque lo brinde temporalmente. Es durante esta etapa cuando las personas se vuelven más receptivas a los consejos y más accesibles a cambiar de actitud.

Cuarta etapa: Depresión. Por supuesto las negociaciones de la etapa anterior no son posibles y una vez que la persona comprende esto entra en un estado de depresión. No encuentra sentido a seguir luchando por aquello que entiende ya perdido. Las personas que se encuentran en esta etapa se encierran en sí mismas, rechazan ayuda y en general se aíslan de su entorno y de la gente que les rodea. Es importante que la persona deprimida procese los sentimientos negativos en forma adecuada y la gente a su alrededor evitar tratar de sacarla a la fuerza del estado en el que se encuentra. Debemos permanecer a su lado, aún sin decir nada, sin intentar alegrarla, en espera de que el proceso se dé por sí mismo. Durante esta etapa es cuando los familiares que lo rodean deben permanecer lo más unidos posible y proporcionar el apoyo que el paciente necesita. También se debe estar atento a los deseos y necesidades para complacerlos en la medida de sus posibilidades.

Quinta etapa: Aceptación. Sólo al superar la depresión es cuando podemos hablar de una verdadera aceptación. Es en esta etapa cuando llega la tranquilidad y podemos considerar como superada la pérdida que se ha sufrido. No hay reglas para esta etapa. Hay veces en las que el paciente logra la aceptación cuando sus familiares aún no lo hacen, pasado el funeral. En otras ocasiones es al revés y los mismos familiares ayudan al paciente a lograr la aceptación de su condición. Sea cual sea el caso, si se considera que se necesita ayuda externa, ya sea de un psicólogo o de alguien que pertenezca a la religión del paciente (un sacerdote, ministro, rabino, etcétera) no duden en recurrir a ella. Estos apoyos redundarán en beneficio de todos. En ocasiones después de una enfermedad muy penosa, cuando finalmente llega la muerte, se experimenta una sensación de alivio. Es perfectamente normal y no debemos sentirnos mal por experimentarlo. Esto significa que la persona estaba más preocupada por lo que sentían los demás que por lo que siente ella misma. Evitemos caer en el juego de las ideas preconcebidas, equivocadas, como el "no debo llorar, es muestra de debilidad". Si siente ganas de hacerlo, llore. Es mucho más sano y le ayudará en el proceso de duelo.

Además de familiarizarnos con el proceso del duelo existen otras cosas que podemos hacer si queremos ayudar a una persona que por él transita. Aquí les doy algunos ejemplos:

1) Dale tu compañía incondicional.
2) Escucha todo lo que tenga que decir sin juzgar. Si desea llorar que lo haga. Confórtala diciéndole que es normal hacerlo.
3) Conversa acerca de los aspectos positivos relacionados con la persona fallecida y ayuda a encontrar sentido en ellos.
4) Ofrece tu ayuda en cuestiones prácticas y específicas.
5) Hazle saber que la vas a acompañar durante todo el proceso del duelo.
6) Si lo crees necesario, recomiéndale apoyo profesional; pero no insistas si se niega.

EL MIEDO A NO RESOLVER ASUNTOS INCONCLUSOS

Así como una jornada bien empleada produce un dulce sueño, así una vida bien usada causa una dulce muerte.
Leonardo Da Vinci (1452-1519) Pintor, escultor e inventor italiano

Este temor es muy común y normalmente está desligado de las creencias religiosas de cada quien. Es más bien el temor a no haber vivido la vida de manera adecuada. Las expresiones como: ¿hice todo lo que estuvo en mis manos para lograr tal o cual meta? En caso de cargar con una culpa: ¿tendré tiempo de enmendarlo?, ¿de arrepentirme?, etcétera, son características de este temor. Tomemos en cuenta algo muy importante: si nos hacemos dichas preguntas al estar cerca de la muerte, es quizá muy tarde para realizar algo al respecto. Con esta idea vuelvo a insistir en la medicina preventiva.

Probablemente el temor a no resolver asuntos inconclusos sea el más fácil de evitar de los tres, pues está en nuestras manos y en el día a día de nuestras vidas efectuar lo necesario para evitar al máximo este temor. Hagamos el siguiente ejercicio. Lo voy a llamar ensayo de muerte:

1) Piensa en cómo has vivido tu vida. ¿Qué cambiarías o qué hubieras hecho diferente ahora que estás en tu lecho de muerte? ¿Qué actividades te hubiera gustado realizar?, ¿o cuáles dejarías?
2) Si te has distanciado de algún familiar o amigo, ¿hay algo que te gustaría decirle?, ¿hubieras preferido intentar hacer las paces antes de encontrarte tan cercano a la muerte?
3) Piensa en las metas que te has fijado. De estar próxima tu muerte, ¿estarías satisfecho con ellas?, ¿has hecho todo lo que está en tus manos para lograrlas?

4) Tomando en cuenta tu manera de ser, y si tuvieras alguna enfermedad terminal, ¿Qué sería lo peor que te pudiera suceder? La realidad es que nuestros peores temores pueden llegar a ser una realidad así que, de ser este el caso ¿cómo quieres que te ayuden?, ¿qué herramientas o recursos tendrías disponibles para el tratamiento?, ¿quién quieres que esté a cargo de tomar las decisiones necesarias en caso de que no puedas hacerlo?, ¿cómo quieres que dispongan de tu cuerpo después de morir?
5) Imagina que estás en los últimos momentos de tu vida. ¿A quiénes quieres tener cerca?, ¿hay algún mensaje que quieras darles?
6) Finalmente y no menos importante: ¿cómo quieres disponer de tus bienes materiales?

Este ensayo nos permite prevenir lo más posible el estar en una situación de temor a no resolver asuntos inconclusos y hacer algo cuando aún tenemos tiempo. Yo trato de sugerir a la gente con la que tengo contacto que siempre intenten tener la menor cantidad de asuntos inconclusos. Porque hay que aceptarlo, la muerte nos puede sorprender en cualquier momento. No siempre morimos después de padecer una enfermedad.

EL PERDÓN

El perdón es un regalo que te das a ti mismo.
Suzanne Somers (1946-) Actriz Estadunidense

El perdón es una acción indispensable para concluir asuntos pendientes con otras personas. Sin embargo debemos entender su verdadera naturaleza. El perdón no consiste en pasar por alto las acciones que nos hicieron daño en el pasado, tampoco significa que voy a permitir que me sigan ofendiendo o dañando de manera indefinida. El perdón no significa aceptar que se levante la pena al ofensor y no sufra las consecuencias de sus actos. Por último, el perdón no implica reconciliación. El perdón más bien consiste en dejar de sentir odio, rabia o dolor, es decir, dejar de alimentar sensaciones que nos dañan, como el deseo de venganza, para iniciar el proceso de sanación que tanto necesitamos. Es exactamente como lo dice la frase al inicio de este párrafo, consiste en lograr que las ofensas pasadas dejen de hacernos daño para liberarnos de esa carga. Por lo tanto nosotros mismos somos los beneficiados. Es una quimera pretender que lo que nos hirió en el pasado deje de existir y como por arte de magia deje de lastimarnos; lo es también el querer controlar las acciones de los demás a través de expectativas falsas como intentar que nos quieran como nosotros esperamos que lo hagan; que otros acepten sus equivocaciones de acuerdo a nuestro criterio, o esperar que se comporten de tal o cual manera. Sin embargo lo que sí podemos hacer es controlar nuestras acciones. Decidiéndonos a ello podemos perdonar. Porque no perdonar nos hace daño, es un lastre que nos sujeta a eventos dolorosos del pasado. El perdón nos libera.

El perdón no sólo sirve para liberarnos del dolor que nos causan las acciones de otros, también sirve para liberarnos del dolor que nos causamos nosotros mismos. Así es, por extraño que parezca, también debemos aprender a perdonarnos nosotros mismos. ¿En cuántas ocasiones hacemos o decimos algo que hiere a los demás? Seguramente si realizamos un verdadero ejercicio de introspección reconoceremos estos momentos. ¿Y cuántas veces, aún después de pedir perdón, esas personas a las que hicimos daño se niegan a perdonarnos? Cuando esto sucede es muy fácil ser presa de la sensación de angustia ante la negativa. Y volvemos a lo mismo que decía en el párrafo anterior: no podemos controlar cómo actúa el resto de las personas; pero sí podemos controlar como actuamos nosotros. Si después de hacer un verdadero ejercicio de introspección somos honestos con nosotros mismos y llegamos a la conclusión de que hicimos todo lo que pudimos por enmendar nuestra falta, llegó el momento de liberarnos de esa carga y perdonarnos a nosotros mismos.

El perdón no es una acción que se deba tomar a la ligera ni algo que se da tan fácil. Es todo un proceso que debe llevarse a cabo en sus cinco pasos para que pueda ser realmente efectivo.

1) **Reconocer que se ha sufrido un daño.** El proceso inicia con un análisis de lo que ocurrió y en qué circunstancias se ha producido, qué motivaciones tuvo la persona que nos ofendió. Sobre todo se debe reconocer que se ha sufrido un daño.
2) **Elegir la opción de perdonar.** Una vez que se reconoce el daño tenemos toda una gama de opciones. Cobrar venganza, por ejemplo. En este paso debemos, de forma consciente, elegir la opción de perdonar. Dicha opción es la que nos dará la verdadera libertad que estamos buscando.
3) **Aceptar el sufrimiento y la rabia.** Perdonar no supone negar los sentimientos de rabia, depresión, anhelo de venganza o cualquier otro que experimentamos a causa del daño sufrido. Este paso requiere reconocer que se tienen estos sentimientos. También reconocer que la única persona que está sufriendo por ello somos nosotros mismos.
4) **Establecer límites.** Como ya comentamos, el perdón no es aceptar que me vuelvan a hacer daño, ni mucho menos justificar lo que sucedió. El proceso del perdón en esta etapa implica que debo establecer límites a las acciones de los demás para no volver a sufrir ninguna ofensa en el futuro.
5) **Cambiar mi actitud.** Como último paso debemos identificar qué actitudes, emociones o sentimientos debemos cambiar para salir del círculo vicioso que nos está haciendo daño. De esta forma liberarnos de la carga que nos afecta.

Como comentario final diré que aunque logremos llevar este proceso paso a paso, no significa que los sentimientos que tanto nos afectan no vuelvan en un futuro. Si este es el caso, debemos repetir el proceso de nuevo. Siempre valdrá la pena trabajar y hacer el esfuerzo necesario para tener una vida tranquila y feliz.

LOS TESTAMENTOS

Los testamentos son documentos que ayudan muchísimo. Hablo en plural porque me gusta distinguir dos tipos de testamentos. Ambos son igualmente importantes. El primero es, desde luego, el testamento que hacemos ante un notario público y donde dejamos por escrito nuestra voluntad para disponer de nuestros bienes materiales. Eso le corresponde a cada quien con su notario de confianza. El otro es el testamento vital. Este documento tiene como finalidad poner por escrito las instrucciones acerca de los cuidados médicos que queremos y los que no queremos recibir. También incluye los criterios para tomar decisiones en nombre nuestro, relacionados con los cuidados y tratamientos en caso de que no podamos expresarlo debido a las consecuencias de alguna enfermedad. Se pueden incluir los deseos de no morir en el hospital y acerca de cómo disponer de nuestro cuerpo una vez que hemos fallecido, por ejemplo.

El contar con este tipo de información y que esté en manos de una persona de nuestra total confianza, quien tenga el poder de hacerla cumplir, es de gran importancia. Créanme que en muchos casos he visto cómo familias enteras se han distanciado por tener diferentes opiniones respecto a los tratamientos médicos que se practican en un paciente o acerca de cómo disponer de un cuerpo. Esto se puede evitar en gran medida si se deja nuestra voluntad por escrito.

En otras ocasiones los familiares cercanos que aún no aceptan la muerte de su ser querido insisten en que el personal médico haga hasta lo imposible por "salvarlo". Con mucha frecuencia, al practicar estas medidas heroicas se somete al paciente a procedimientos dolorosos e incómodos que les prolongan la vida a costa de una gran agonía y del deterioro innecesario de su calidad de vida. Se les impide una muerte digna y tranquila. En las etapas terminales de la vida debemos ayudar a los pacientes y a sus familiares para acabar con el dolor de dar el último paso al otro mundo, para que lo hagan sin sufrimiento y con aceptación.

Es muy importante hacer notar que el testamento vital, por lo menos hasta el momento en que esto escribo, no tiene ninguna validez legal. No está tipificado en ninguna ley o código vigente en México. La utilidad real del documento es, por un lado, poner por escrito qué es lo que queremos que se haga con nosotros al momento de que no podamos tomar decisiones por nuestra cuenta y qué queremos que se haga con nuestro cuerpo una vez que hayamos muerto. Sin embargo si sólo lo dejamos en estos puntos su utilidad será poca. Una vez que lo redactemos debemos reunirnos con todas las personas que consideremos necesarias para explicarles porqué estamos tomando estas decisiones y disposiciones con el fin de que estén informados y, en lo posible, estén de acuerdo y se comprometan a cumplir nuestra voluntad. Es muy útil depositar en una persona esta responsabilidad.

Al final se deben hacer tres cosas: Quitar el dolor, dar confort y sobre todo brindar mucho amor.

APÉNDICE "A"

MUESTRA DE TESTAMENTO VITAL

Manifestación de Voluntades sobre el final de mi propia vida

Yo, *(nombre y apellidos),* mayor de edad, con domicilio en *(dirección)* y en plenitud de mis facultades mentales, libremente y después de meditarlo ampliamente, expongo:

Que en el supuesto de encontrarme en condiciones en las que no pueda decidir sobre mi atención médica, a raíz de mi deterioro físico y/o mental, por encontrarme en uno de los estados clínicos enumerados en el punto D de este documento, y si dos médicos autónomos coinciden en que mi fase es irreversible, mi voluntad incuestionable es la siguiente:

A) Que no se prolongue mi vida por medios artificiales, tales como técnicas de soporte vital, fluidos intravenosos, medicamentos o suministro artificial tales como intubación nasogástrica.

B) Que se me suministren los fármacos necesarios para paliar al máximo mi malestar, sufrimiento psíquico y dolor físico, causados por la enfermedad o por falta de fluidos o alimentación, aún en el caso de que puedan acortar mi vida.

C) Que si me hallo en un estado particularmente deteriorado, se me administren los fármacos necesarios para acabar en definitiva y de forma rápida e indolora, con los padecimientos expresados en el punto B de este documento.

D) Los estados clínicos a los que hago mención arriba son:

1. Daño cerebral severo e irreversible.
2. Tumor maligno diseminado en fase avanzada.
3. Enfermedad degenerativa del sistema nervioso, sistema muscular o ambos en fase avanzada con importante limitación de mi movilidad y falta de respuesta positiva al tratamiento específico si lo hubiera.
4. Demencias preseniles, seniles o similares.
5. Enfermedades o situaciones de gravedad comparable a las anteriores.

E) Designo como mi representante para que vigile el documento de las instrucciones sobre el final de mi vida, expresadas en este documento y tome las decisiones necesarias para tal fin a *(nombre del representante).*

F) Manifiesto, asimismo, que libero a los médicos que me atienden de toda responsabilidad civil y penal que pueda derivarse por llevar a cabo los términos de esta declaración.

G) Deseo morir en mi casa y acompañado de mis seres queridos. En caso de que mi familia no pueda asumir mis cuidados, no me importaría ser ingresado en una institución para enfermos terminales; pero de ser posible no quisiera morir en un hospital.

H) Me reservo el derecho de revocar esta declaración en cualquier momento, en forma oral o escrita.

I) Es mi voluntad que se respete mi cuerpo y sea tratado con dignidad después de mi muerte. Deseo que se disponga de todos los órganos utilizables para donarlos a quienes puedan ser de provecho *(si opta por ello quien firma el documento, por supuesto)* a través de *(nombre de la organización que se desea esté a cargo de recibir los órganos).*

J) Es mi deseo que mis restos sean cremados después de mi muerte *(si este es el deseo de la persona. Por supuesto se puede cambiar a inhumación)* y mis cenizas *(o mi cuerpo según sea el caso)* se coloquen en *(lugar de reposo final)* y se realicen todos los ritos o procedimientos correspondientes a mi fe. *(De considerarlo necesario se pueden detallar los ritos o procedimientos que correspondan a las creencias de cada interesado).*

Fecha:
Firma:

Testigos: *(con sus nombres y sus firmas, dos de preferencia)*

Representante: *(nombre y firma)*

****

Es importante hacer las siguientes aclaraciones:

1) Éste es sólo un ejemplo de los diferentes puntos que podemos incluir en el testamento. Estamos en libertad de agregar o quitar cualquiera de ellos. Lo importante es que el documento refleje exactamente cuál es nuestra voluntad.
2) La legislación actual en México no otorga la seguridad jurídica que existe en otros países en relación con estos temas.
3) Aún siendo este el caso, es recomendable que busquemos la asesoría de un abogado de nuestra confianza para que nos brinde apoyo en la elaboración del documento.

4) Tomemos en cuenta que el mayor beneficio de un documento de este tipo consiste, una vez que se ha redactado a nuestra satisfacción, que lo comuniquemos y lo discutamos con nuestros familiares para aclararles cualquier duda al respecto; buscar la posibilidad de un consenso para así evitar problemas posteriores, en caso de que se presenten las condiciones expresadas en el documento.
5) Debe quedar claro quién es el representante y cuáles son sus responsabilidades.

APÉNDICE B

DERECHOS DEL ENFERMO TERMINAL SEGÚN LA ORGANIZACIÓN MUNDIAL DE LA SALUD

1) Ser tratado como persona hasta el final de la vida.
2) Recibir una atención personalizada.
3) Participar en las decisiones relativas a los cuidados que se le han de aplicar.
4) Que se le apliquen los medios adecuados para combatir el dolor.
5) Obtener respuesta adecuada y honesta de sus preguntas dándole toda la información que él pueda asumir e integrar.
6) Mantener su jerarquía de valores y no ser discriminado por el hecho de que sus decisiones puedan ser distintas de las de quienes le atienden.
7) Poder mantener y expresar su fe, si así lo desea.
8) Ser tratado por profesionales competentes, capacitados para la comunicación y que puedan ayudarle a enfrentarse con su muerte.

9) Poder contar con la presencia y el afecto de la familia y amigos que desee le acompañen a lo largo de su enfermedad y en el momento de su muerte.
10) Morir en paz y con dignidad.

APÉNDICE C

CITAS Y NOTAS RELACIONADAS

LA ÚLTIMA VEZ

Si supiera que hoy fuera la última vez que te voy a ver dormir, te abrazaría fuertemente y rezaría al Señor para poder ser el guardián de tu alma.

Si supiera que ésta fuera la última vez que te vea salir por la puerta, te daría un abrazo, un beso y te llamaría de nuevo para darte más.

Si supiera que ésta fuera la última vez que voy a oír tu voz, grabaría cada una de tus palabras para poder oírlas una y otra vez indefinidamente.

Si supiera que estos son los últimos minutos que te veo, diría te quiero y no asumiría tontamente que ya lo sabes.

Siempre hay un mañana y la vida nos da otra oportunidad para hacer las cosas bien, pero por si me equivoco y hoy es todo lo que nos queda, me gustaría decirte cuanto te quiero y que nunca te olvidaré.

El mañana no le está asegurado a nadie, joven o viejo.

Hoy puede ser la última vez que veas a los que amas.

Por eso no esperes más, hazlo hoy, ya que si el mañana nunca llega, seguramente lamentarás el día que no tomaste tiempo para una sonrisa, un abrazo, un beso, y estuviste muy ocupado para concederle a alguien un último deseo.

Mantén a los que amas cerca de ti, diles al oído lo mucho que los necesitas, quiérelos y trátalos bien, toma tiempo para decirles lo siento, perdóname, por favor, gracias y todas las palabras de amor que conoces.

Nadie te recordará por tus pensamientos secretos.

Pide al Señor la fuerza y sabiduría para expresarlos.

Vamos, no te resistas, vence ese falso orgullo, demuéstrale a tu familia y amigos cuanto te importan, nunca tengas miedo de expresarte.

Toma esta oportunidad para decirle a alguien lo que esa persona significa para ti.

Tomate el día y no tengas ningún arrepentimiento, pero lo más importante, mantente cerca de tu familia y amigos porque ellos te han ayudado a ser la persona que eres hoy y deberá de ser todo para ti de cualquier forma.

Anónimo

ACEPTA TU PÉRDIDA

Tu ser querido no se ha ido a realizar un largo viaje:
Ha ido por delante
Ha partido
Ha desaparecido
Tu ser querido ha muerto.
Intenta evitar las evasiones, los eufemismos, los cuentos de hadas.
Renuncia al mundo de la fantasía.
Lo que es, lo que no puede cambiarse, debe aceptarse.
Aunque sea la cosa más difícil que hayas hecho en tu vida, ahora debes afrontar la realidad.
La negación de la tragedia, no significa salud mental, la salud mental es el reconocimiento del dolor y el intento de vivir con él.

El funeral ha terminado.
Las flores se han marchitado,
ahora la pérdida se hace real,
tu ser querido está muerto.
Earl A. Grollman

La muerte es una quimera: porque mientras yo existo, no existe la muerte; y cuando existe la muerte, ya no existo yo.
Epicuro de Samos (341 AC-270 AC) Filósofo griego.

Necesitamos la vida entera para aprender a vivir, y también – cosa sorprendente – para aprender a morir.
Séneca (2 AC – 65) Filósofo latino

Condúcete siempre como si mañana hubieras de morir, y algún día tendrás razón.
Tomás de Kempis (1380-1471) Canónigo Agustino

La vida es un viaje, la muerte es un retorno a la tierra.
Buda (563AC – 483AC)

BIBLIOGRAFÍA Y LECTURAS RECOMENDADAS

Kubler-Ross, E.: *On grief and grieving: finding the meaning of grief throught h efive stages of loss.* Nueva York: Simon&Schuster, 2005. ISBN 0-7432-6344-8.

Kubler-Ross, E.: *On death and dying.* Nueva York: Routledge, 1973. ISBN 0-415-04015-9.

Kubler-Ross, E.: *Una nueva visión del duelo.* Barcelona: Luciérnanga SL, 1999 ISBN 84-89957-16-9

When someone you love dies, México, La Torre del Vigía, 2004 ISBN 968-5004-55-2

Jiménez Zaraín Iliana, *Detección de necesidades en pacientes terminales a través de la entrevista profunda y su consecuente apoyo psicológico humanista y tanatológico.*

Revista Internacional de Psicología www.revistapsicologia.org ISSN 1818-1023

Tolstoi Leon, *La muerte de Iván Ilich.*(1975).

http://www.monografias.com/trabajos98/pacientes-moribundos/pacientes-moribundos.shtml

Longaker Christine, *Afrontar la Muerte y Encontrar Esperanza*, México D.F., Editorial Grijalbo, 1998, ISBN 970-05-0867-6

Grollman Earl A. rabino. *Living when a loved one has died,* Beacon Press, 1995, ISBN 978-0807027196

Allende Isabel, *Paula,* Chile, Plaza &Janés, 1994, ISBN 84-01-32977-9

Olshaker Bennet, *¿Cómo se lo decimos a los niños?,* Medici, 1991, ISBN 9788-486193348

El perdón a uno mismo y a los demás:

http://www.psicoterapeutas.com/Tratamientos/perdon.html

http://voces.huffingtonpost.com/christopher-barquero/proceso-del-perdon_b_4257031.html